l Love Party

I Love Party

I Love Party

I Love Party

당신의 파티를 응원합니다.

파티가 필요한 모든 순간

파티플래너가 알려주는 셀프 스타일링

글+사진 **유노 정**

지식인하우스

파티가 필요한 모든 순간,
당신의 파티플래너가 되어 드리겠습니다!

파티가 제게 그랬듯 여러분의 일상이 설레는 시간들로만 채워지길 고대합니다. 그리고 당신의 인생 속 파티가 필요한 모든 순간, 제가 그리고 이 책이 당신의 진정한 파티플래너가 되어 드릴 것입니다.

무엇인가에 홀린 것인지도 모르겠습니다. 잘 다니고 있다고 여겨진 직장을 그만두고, 두 아이의 육아를 미뤄둔 채, 서른이라는 나이에 파티플래너를 선택했으니 말입니다. 이과를 전공하고 대학원, 연구원 생활까지. 남들에겐 안정적으로 보였던 직장과 일이 제게는 매일 맞지 않은 신발을 신은 마냥 불편하곤 했습니다. 나이 서른, 우연히 참석하게 된 '여성 경제인 협회 파티플래너 강좌'에서 파티플래너와 마주하게 되었습니다.

시원한 소나기를 맞은 기분. 길을 헤매는 여행자의 갈증을 날려 주는 단비를 맞은 기분이었습니다. 물론 그동안 쌓았던 모든 것과는 작별을 해야 한다는 의미이기도 했죠. 그러나 저는 머뭇거릴 수 없었습니다. 20대에 항상 느꼈던 '결핍'에 대한 해답을 찾게 되었으니까요.

무엇인가에 새롭게 도전하기엔 늦었다고 생각된 서른이란 나이, 현실이라는 벽은 너무도 높았죠. 파티플래너라는 생소하기만 했던 일. 그렇게 제 손에 쥐어진 것은 카메라 한대와 몇 가지의 파티 소품뿐이었습니다. 그렇게 저는 무작정 육아 카페를 운영하며 엄마들의 고민을 듣고 유대감을 쌓았습니다. 엄마들과의 다양한 소통 덕분에 기존 풍선 장식이 전부였던 돌파티에 생화와 패브릭을 이용한 스타일을 선보이며 감각 있는 엄마들의 마음을 얻기 시작했죠. 참 부끄럽지만, 현재 돌파티에서 인기가 좋은 생화와 패브릭 스타일링은 제 아이디어에서 출발했답니다. 매주 스태프들과 소품을 만들며 밤을 새가며 남다른 파티 스타일링에 힘을 쏟았습니다. 운전 기사에서부터 포토그래퍼, 행사 스태프까지 안 해 본 일이 없을 정도로 저는 열정적으로 파티 스타일링에 매달렸습니다. 그리고 그때마다 소위 '대박을 치는 파티 스타일링'이 탄생했고, 주변의 인정을 받기 시작했습니다.

'파티가 필요한 모든 순간'은 우리가 평생 꼭 만나야 하는 생애 최고의 파티 11가지 이야기입니다. 저는 파티를 열 때마다 꿈을 꾸곤 합니다. 그리고 10년의 꿈들이 모여 저를 파티플래너로 만들어

주었습니다. 그리고 이제 저의 10년의 꿈과 그 꿈들이 만들어 낸 파티 스타일링을 여러분들과 나눠야 할 때라고 생각합니다. 주말마다 전국을 돌며 웨딩과 돌파티, 다양한 파티 현장을 스타일링 했던 파티플래너의 아이디어를 말이죠. 그렇게 모인 자료들을 바탕으로 여러분 인생에서 빠질 수 없는 11가지 파티에 스타일링을 제안합니다. 우리가 파티를 만나는 모든 순간에는 분명 남다른 감각의 아이디어와 현명하고 실용적인 방법이 필요합니다. 파티를 어렵게만 생각하지 마세요. 파티는 분명 당신의 인생을 주인공으로 만들어 줄 겁니다.

사실 이 모든 일이 가능했던 것은 저의 새로운 도전을 항상 응원해 준 남편과 두 아이를 사랑과 정성으로 키워주신 너그러운 시부모님이 계셨기에 가능했습니다. 정말 사랑하고 감사합니다. 또한 유노스타일즈를 거쳐 간 수많은 동료들과 스태프들, 저의 스타일링에 박수와 격려를 보내 주신 고객 여러분께 감사의 마음을 전하고 싶습니다. 항상 파트너가 되어 영감을 주는 페이퍼 루 선생님들 감사합니다. 마지막으로 저를 긍정의 아이콘으로 키워주신 부모님과 나의 가족, Cha와 Sea & Sun! 많이 사랑하고 고맙습니다.

신데렐라 동화 기억 나시죠? 호박을 단숨에 멋진 마차로 만들어 준 마법사 할머니의 주문 "비비디~바비디~부"Bibbidi~bobbidi~boo 당신에게 파티가 필요한 모든 순간, 이 책이 당신을 주인공으로 만들어 줄 강력한 마법이 되어 드릴 겁니다.

유노 정은, 삼성전자, 에버랜드, 리움 갤러리, 신세계, 포스코, 코카콜라, LG생활건강, 아모레퍼시픽, 서울대학교 등의 파티 스타일링과 스타일링 강의를 맡았다. 현재까지 600회 이상의 파티를 진행했으며, 유노스타일즈 파티 스타일리스트 아카데미를 통해 강의를 하고 있다.

여러분의 파티를 응원하는 파티 멘토, 유노 정

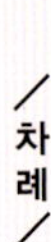

Part 1

뉴요커처럼 결혼하는 파티

Part 2
파리지앵처럼 멋스럽게 즐기는 파티

Part 3

런더너처럼 합리적이고 감성 충만한 파티

뉴요커

뉴욕 주에 사는 사람,
뉴욕 사람을 말하며 전 세계는 그들의 스타일과 선택에 열광한다.

뉴요커처럼 결혼하는 파티

'섹스 앤 더 시티' 속 캐리처럼, '가십걸' 속 세레나처럼 가끔 우리는 뉴요커를 꿈꿔 봅니다. 지구 반대편의 그녀들이 될 수는 없겠지만 우리도 그녀들처럼 쿨하고, 감각적이며 활력 넘치는 파티들로 특별해질 수 있습니다. 세련됨으로 똘똘 뭉친 뉴요커처럼 결혼하지 못할 이유는 없으니까요. 단언컨데, 이 두 가지 파티만 있으면 당신은 뉴요커들도 부러워할 만한 노하우를 갖게 될 것입니다.

Are you ready?

HOUSE WEDDING

/

BRIDAL SHOWER

/

직접 해 보고 싶은 파티
하우스웨딩

결혼은 무조건 특별해야 합니다. 그 의미는 세상의 모든 연인과 부모에게 해당되는 말일 겁니다. 세상의 단 하나뿐인 웨딩을 꿈꾸는 것은 결코 사치가 아닙니다. 연인들은 결혼식에서 낙원을 꿈꾸곤 합니다. 그럼에도 불구하고 대부분의 결혼식은 시간에 쫓겨 형식적으로 끝나버리죠. 비용은 비용대로 지출되고, 입맛도 개운치 않은 우리네 결혼 문화. 항상 아쉬움이 많은 것이 사실입니다. 물론 비용에 대한 고민이 없다면이야, 이런 고민들은 무용지물이겠지만 비용 앞에서 작아지지 않을 사람은 그리 많지 않을 겁니다.

결혼은 인생의 하이라이트, 꽃이 되어야 하는 파티!

HOST 신부와 신랑, 양가 부모
GUEST 결혼 주최자의 지인, 친척, 친구 etc

이 책을 통해 말하고자 하는 것은 어설픈 모양새로 서양의 문화를 따라가자고 하는 것이 아닙니다. 실용적인 방법에 대해 생각해 보자는 겁니다.

몇 년 전부터 이와 비슷한 생각을 하는 젊은이들이 늘어났고 그 중에 하나가 결혼에 대한 의식 변화입니다. 소박하지만 의미가 담긴 특별한 장소에서 본인들의 취향을 마음껏 향유하며 가족과 가까운 친척, 지인들만을 초대하여 그들만의 결혼식을 마음껏 즐기는 젊은 커플이 늘어나고 있는 추세입니다.

틀에 박힌 듯 정형화 되고 흔한 결혼식이 아닌 둘만의 느낌과 감성으로 충만한, 서로를 사랑하는 그 순간을 마음껏 즐기고픈, 마치 영화 속의 한 장면과 같은 결혼식을 말입니다. 그리고 그것이 바로 요즘 젊은 신랑 신부들 사이에서 로망이 되고 있는 소규모 파티 형식, 하우스웨딩입니다.

하우스웨딩은 자신의 자택이나 혹은 저택처럼 꾸며진 공간에서 100명 안팎의 하객들을 초대해서 치르는 소규모 웨딩을 말합니다. 그러나 해외와는 주거 환경부터 많이 다른 우리들의 결혼 문화에서 하우스웨딩은 조금 다른 의미와 형태로 결혼식이 진행됩니다. 세련된 레스토랑이나 혹은 정원이 갖춰진 저택 느낌의 공간을 빌려 하우스웨딩을 진행하고 있는 추세입니다. 또한 이러한 결혼 문화의 추세를 발 빠르게 감지한 웨딩 업체들이 정원이 딸린 큰 저택을 구매하여 하우스웨딩을 위한 장소로 개조, 하우스웨딩 서비스를 하거나 이러한 스타일의 건물을 신축하여 하우스웨딩 전용관을 갖추고 특별함을 원하는 커플들의 입맛을 맞추고 있습니다.

우리의 하우스웨딩은 허례허식에서 벗어나 실용성을 추구하고자 하는 커플들의 남다른 선택의 결과라 볼 수 있겠습니다. 이를 반증하듯 얼마 전 결혼한 셀러브리티 이효리의 선택도 하우스웨딩이었습니다. 물론 스타 이효리처럼 제주도 자택에서의 하우스웨딩은 대중과는 거리감이 있을 수도 있습니다. 그러나 스타가 아니더라도 결혼을 앞둔 누구나 하우스웨딩을 직접 경험할 수 있습니다.

세상의 단 하나뿐인 하우스웨딩, 이렇게 계획해 봐!

1. 양가 부모님을 설득하고 하객 수와 규모를 결정해야 합니다.

하우스웨딩의 첫 번째 과제는 하객 규모의 선정입니다. 그 동안 자신과 부모님의 지갑에서 나간 축의금을 결혼을 통해 회수하겠다는 의지를 불태운다면 하우스웨딩은 힘들다고 봐야 합니다. 무엇보다 기존 결혼 문화에 익숙한 가족들을 설득하는 것이 중요합니다. 이렇게 가족 간의 협의를 통해 하우스웨딩을 진행하기로 결정했다면 적절한 하객 수를 정해 그에 맞는 장소를 찾는 것이 순서입니다. 최근 서울 시내에는 특급 호텔의 정원, 규모가 있는 세련된 인테리어의 레스토랑, 정원이 딸린 갤러리, 하우스웨딩 전용시설 등 하우스웨딩을 할 수 있는 장소가 예전보다 많이 확보된 상태입니다. 즉 자신의 비용과 하객 수에 따라 선택의 폭이 넓어졌습니다.

2. 특별한 결혼식을 디테일하게 담아낼 초대장을 제작해야 합니다.

장소가 정해졌다면 그 다음은 하객들에게 전달할 초대장의 제작이 순서입니다. 대부분의 하우스웨딩을 선호하는 커플들은 초대장부터 남다릅니다. 커플의 개성을 듬뿍 담아낼 재기 발랄한 아이디어가 필요한데, 결혼식 당일의 콘셉트나 컬러를 담아 초대장을 제작하는 것도 방법입니다.

3. 웨딩 스타일링을 구체적으로 구상해야 합니다.

개성 만점의 초대장까지 준비를 마쳤다면 이제부터는 결혼식 당일의 스타일링을 계획해야 합니다. 머릿속으로만 구상해 보기보다는 좀 더 구체적으로 구성해 보는 것이 좋습니다. 영화 혹은, 잡지 속에서 보았던 실질적인 웨딩 장면을 찾아 보는 것도 좋은 방법입니다. 그런 다음 스스로 원하는 유사한 이미지를 스크랩해 두는 것입니다. 최대한 많은 이미지를 찾아 구체화하는 것이 도움이 됩니다. 이 같은 작업은 손이 많이 가긴 하지만 웨딩을 준비하는 과정에서 본인의 의견을 가장 확실히 전달하는 방법입니다.

결혼식 당일의 스타일이 구체화되었다면 웨딩의 스타일과 컬러를 기반으로 본인이 입을 드레스와 턱시도 스타일, 식장을 장식할 플라워, 웨딩 부케, 기념 케이크, 패브릭, 답례품 등 하우스웨딩을 구성하는 요소요소를 결정할 수 있게 됩니다. 만일 초대장 발송 시기가 아직 많이 남아 있다면 웨딩을 전반적으로 계획한 후에 초대장을 만드는 것도 방법입니다.

4. 아이디어가 빛나는 이벤트를 준비합니다.

마지막으로 웨딩을 좀 더 구성지고, 유쾌하게 만들어 줄 독특한 이벤트를 준비하는 것을 추천하고자 합니다. 신랑과 신부의 알콩달콩 연애 이야기를 뮤직 비디오처럼 만들어 간단하게 상영을 한다든지, 양가의 부모님께 각각 편지를 써서 낭독하는 시간을 마련한다든지, 분위기를 무르익게 만들어 줄 재즈 연주팀을 초청하는 등의 이벤트를 말입니다. 아주 소박하지만 신랑을 위한, 신부를 위한, 양가 부모님을 위한 특별한 시간을 만들어 보는 것을 추천하고 싶습니다. 결혼식의 진정한 주인공들을 위해서요. 또 하나 하우스웨딩을 선택한 신랑 신부의 70~80퍼센트가 주례 없는 예식을 진행합니다. 주례 때문에 고민을 한다면 이 또한 조금은 가벼운 마음으로 웨딩을 준비하는 것도 좋겠죠.

많은 하우스웨딩을 준비하면서 느낀 점이 있다면 하우스웨딩은 인생 최고의 날을 더욱 빛나게 만들어 준다는 것입니다. 결혼을 준비하며 스스로 소중한 공간을 찾고 자신들이 주인공이 될 시간을 가득 채워나가면서 신랑과 신부, 양가 부모님들이 진정한 하나가 된다는 생각이 들었습니다. 진정성이 담긴 하우스웨딩은 새로운 인생을 준비하는 부부에게 깊은 울림을 줄 수 있는 인생 최고의 이벤트가 되리라 생각됩니다.

하우스웨딩
이렇게 준비하자

다음은 하우스웨딩을 준비할 때 포함시켜야 할 항목들을 정리한 표입니다.
자세한 부분까지 항목을 나누어 놓았습니다. 원하는 항목들을 체크하여 합산하면 대략의 예산을 설정할 수 있을 겁니다. 표기된 금액의 기준은 최근 하우스웨딩 서비스 업체들의 비용을 평균적으로 표기한 것이고 직접 준비할 경우 예산은 표기된 금액보다 적게 소요될 수 있습니다. 하우스웨딩을 염두에 둔 커플들이 활용해 보면 도움이 될 겁니다.

품목	세부 내역	Low	Mid	High	Check
Wedding Hall (웨딩홀)	1. Platform (단상)	○	○	○	
	2. Backdrop (단상 뒷배경)		○	○	
	3. Wedding Tent (단상 텐트)			○	
	4. Virgin Road Flower (꽃길)		○	○	
	5. Virgin Road Fabric (주단)	○ 500,000 ~ 800,000	○ 1,500,000 ~ 2,500,000	○ 2,500,000 ~	
	6. Arch (아치)			○	
	7. Chairback Decoration (양가 부모님 의자 장식, 2ea)		○	○	
	8. Extra Item (기타)	○	○	○	
Lobby (입구)	1. Welcome Decoration (입구 플라워＆웨딩포토 장식)		○	○	
	2. Counter (양가 접수대)	○ 150,000 ~ 300,000	○ 500,000 ~ 800,000	○ 900,000 ~	
	3. Enter Way (하객 통로, 계단 장식)			○	
	4. Extra Item (기타)	○	○	○	
Banquet Hall (연회홀) 하객 100명 기준	1. Table Centerpiece (하객 테이블 센터피스)	○	○	○	
	2. Chairback Decoration (하객 의자 장식)	300,000 ~ 800,000	○ 800,000 ~ 1,500,000	○ 1,500,000 ~	
	3. Napkin Flower (냅킨플라워 장식)			○	
	4. Extra Item (기타)	○	○	○	

품목	세부 내역	Low	Mid	High	Check

Bouquet
(부케 및
액세서리)
	1. Bouquet
	  (신부 부케 및 액세서리)
	2. Boutonia (신랑 부토니아)
	3. Corsage
	  (양가 부모님,주례자,진행자, 6ea)
	4. Flower Girl
	  (화동 액세서리, 2set)
	5. Bridsmaid Bouquet
	  (들러리 부케 및 액세서리)
		○ ○ ○
		150,000
		~
		350,000
			○ ○ ○ ○
			250,000
			~
			450,000
				○ ○ ○ ○ ○
				500,000
				~	

Wedding Cake Table	1. 웨딩케이크 테이블 세팅 2. 슈가크래프트 웨딩케이크 3. 웨딩 컵케이크 타워 (하객 후식용)		○ ○ 300,000 ~ 600,000	○ ○ ○ 500,000 ~	
Stationery (카드 및 출력물)	1. Place Name Card (지정 좌석카드) 2. Thank You Card (감사 카드) 3. Gift Lable (답례품 라벨) 4. Welcome Bord (웰컴 안내문) 5. Invitation Card (초청장) 6. Guest Book (방명록)	○ ○ ○ ○ 150,000 ~ 300,000	○ ○ ○ ○ ○ 300,000 ~ 500,000	○ ○ ○ ○ ○ ○ 500,000 ~	

Bride Waiting
Room
(신부 대기실)
	1. Flower & Candle Arrangement
	  (플라워 & 초 장식)
	2. Bridal Tent (텐트 설치)
	3. Fabric Styling (패브릭 스타일링)
	4. Backdrop
	  (신부대기실 뒷배경 설치)
	5. Bridal Chair (신부 의자)
		○ ○
		300,000
		~
		500,000
			○ ○ ○ ○
			500,000
			~
			800,000
				○ ○ ○ ○ ○
				800,000
				~	

Total Budget					

기타 아이템

❶ 리허설 촬영
❷ 본식 촬영 : 원판, 스냅
❸ 드레스 : 리허설, 본식
❹ 헤어 & 메이크업 : 리허설, 본식
❺ 답례품 : 답례품, 답례품 패키지

❻ DVD 촬영 : 출장 진행
❼ 진행자 : 음향 장비 대여 포함
❽ 연주자 : 현악, 피아노 연주, 재즈 연주팀, 국악
❾ 폐백 : 폐백실 세팅 용품 대여, 폐백음식
❿ 이바지 : 이바지 음식

Optional Budget ____

사랑스런 하우스웨딩을 결정짓는 스타일링

인생의 진정한 주인공이 될 수 있는 단 하루의 시간, 웨딩.
그 시간만큼은 세상에서 가장 순수하고 청조한 신부와 핸섬하고 든든한 신랑을
더욱 돋보이게 만들어 줄 스타일링이 필요합니다.
베스트 스타일링 TOP8을 지금부터 만나봅시다.

신부와 신랑을 꼭 빼닮은 웨딩 케이크.

웨딩 스테이셔너리.

스카이라운지에 설치된 신부 대기실 스타일링.

로비에 설치한 플라워 & 캔들 스타일링.

수국으로 장식한 웨딩 케이크.

정원이 있어 더욱 특별한 하우스웨딩.

사진과 같은 규모로 하우스웨딩을 진행하면 경비는 얼마나 들까요?

보통 하우스웨딩이 진행되는 레스토랑의 경우 입실 가능한 인원이 50~100명 내외이고 규모가 큰 호텔 가든이나 교회 등은 150명 내외입니다. 일단 200명이 넘는 하객이라면 하우스웨딩을 진행하는 것이 무리가 될 수 있습니다. 실제 이탈리안 레스토랑에서 280명 정도의 하객과 하우스웨딩을 진행한 경우가 있었는데 예식 장소는 혼돈 그 자체였고 지방에서 올라온 하객들은 식사를 하지 못하고 돌아가는 불상사까지 생기며 예식 이후에도 문제가 많았던 경우를 본 적이 있습니다. 이처럼 하우스웨딩에서 많은 하객은 자칫 독이 될 수도 있으므로 초대 인원 선정이 중요합니다. 진행 예산은 당일 하우스웨딩이 진행되는 장소를 꾸미는 비용에 따라 적게는 50만원부터 많게는 500만원까지로 딱히 정해진 금액은 없습니다 파티 스타일링 역시 인테리어나 패션 스타일링처럼 비용의 제한은 무의미합니다. 그러므로 얼마의 예산을 지출할 것인지를 먼저 고민하는 것이 답입니다.

화려하고 성대함을 극대화 시켜주는 플라워 센터피스.

순수하고 청초한 느낌의 웨딩 케노피.

하우스웨딩을 준비할 때 가장 신경을 써서 체크해야 하는 것은 무엇인가요?

많은 인원의 하객이 뒤섞여 자칫하면 큰 혼란을 빚을 수 있기 때문에 식순을 체크해 보는 것이 좋습니다. 시작 전에 시간이 허락된다면 간단한 리허설을 해보는 것도 좋고 또 모든 부분의 준비가 식전에 완료되었는지를 철저히 확인하는 것이 가장 중요합니다.

하우스웨딩을 일반 사람들이 준비하기에 무리가 없다고 생각하십니까?
가장 큰 장점을 간략히 말씀해 주세요.

물론 직접 준비하는 것에는 당연히 무리가 따를 것입니다. 그러므로 오랜 시간 계획하고 함께 준비할 지인들과도 협업을 해야 가능한 것이 하우스웨딩입니다. 무엇보다 예식 당일에는 신랑과 신부는 세팅 등의 제반 준비에 신경을 쓸 여력이 없습니다. 그러므로 당일 사전 준비와 파티를 총괄해 줄 총디렉터의 역할이 필요합니다. 하우스웨딩은 예식 비용의 절감에 큰 효과가 있습니다. 그러나 그만큼 더 많이 공들여야 하고 더 철저하게 준비를 해야 합니다. 자신의 특별한 시간을 위한 노력이 각오되었다면, 이 세상의 단 하나뿐인 특별한 시간을 만들 수 있다는 것이 하우스웨딩의 가장 큰 장점이 아닐까요?

꽃과 햇빛이 있어 더 신성한 웨딩!

블랙과 화이트
그리고
그린 배색이
돋보이는 웨딩

웨딩에서 금기시되는
블랙을 사용한 파격적인 스타일링

아담한 정원의 사랑스러움이 가득한 웨딩

(하우스웨딩의 사랑스런 매력이
가득한 스타일링)

하우스웨딩을 더욱 달콤하게 만들어 줄
슈가케이크

눈이 감길 정도로 달콤해 보이는 슈가케이크는 웨딩을 한층 더 로맨틱하게 연출해 줍니다.

갖고 싶은 스타들의 웨딩 부케 따라잡기

우리 주변엔 항상 워너비 스타들이 존재합니다. 많은 사람들이 스타의 외모나 패션스타일에 관심을 갖고 자신이 좋아하는 스타의 일상생활까지도 자세히 알고 싶어하죠. 그러니 스타의 결혼 앞에 '세기의 결혼'이라는 수식어가 붙는 것은 어찌 보면 당연한 일입니다. 그 시대의 트렌드의 중심에 서 있는 스타들이 선택하는 웨딩드레스, 주얼리, 웨딩 장소 등 그들의 선택은 항상 초미의 관심이 됩니다. 그렇다 보니 결혼을 앞둔 신부들의 관심사 역시 스타들의 선택에 모아지기 마련입니다. 특히 웨딩드레스 다음으로 관심을 갖는 것이 스타들의 부케입니다. 신부를 웨딩의 진정한 주인공으로 만들어 주는 부케. 제대로 된 부케의 선택이야말로 감각 있는 신부들의 신의 한수겠지요.

1% 스타들의 선택, 수국 부케

이번에는 스타들의 부케에 대해 알아볼까 합니다. 우선 결혼 자체가 화제가 되었던 심은하와 김희선, 노현정의 선택으로 한동안 신부들의 로망이 되었던 화이트 수국 부케입니다. 수국 부케는 단아하고 순수한 신부의 모습을 부각 시켜줍니다. 큰 덩어리의 수국을 3~5대 정도 하나로 예쁘게 묶어주는 것으로 제작이 매우 간단합니다. 하지만 수국의 종류가 워낙 많아 최상급의 좋은 수국을 선택하는 것이 중요하고, 수분이 부족하면 바로 흉하게 시들어 버리므로 예식 전까지 싱싱한 상태를 유지하는 것이 매우 중요합니다. 수국 부케를 아름다운 자태로 유지시키기 위해서는 반드시 물에 담가 예식 전까지 보관하고 이동을 해야 합니다.

워너비 부케 1위, 작약 부케

부케는 유행에 민감합니다. 수국 부케의 인기가 최근엔 약간 시들해진 반면 작약 부케가 사랑을 받고 있습니다. 김남주와 호란, 한가인이 작약을 선택했습니다. 그러나 작약은 12월에서 초봄까지만 나는 꽃으로 신부가 아무리 원해도 결혼식 시기와 맞지 않으면 제작이 불가능해 더 희소가치가 있는 것 같습니다. 작약의 컬러는 화이트부터 와인 컬러까지 다양하게 선택할 수 있어 신부의 분위기나 취향에 맞추어 다양한 스타일의 표현이 가능합니다.

순백색이나 연한 분홍 작약만을 사용하는 경우는 신부를 깨끗하고 화사하며 기품이 있는 스타일링으로 연출시켜 줍니다. 컬러가 진한 작약의 경우는 다른 종류의 꽃과 믹스하여 제작하면 내추럴한 분위기부터 이국적인 스타일까지 폭넓게 표현이 가능합니다.

한동안 수국만큼이나 신부들의 사랑을 받았던 카라 부케는 배우 김민의 웨딩에 등장했습니다. 카라 부케는 날씬하고 마른 체형의 신부와 머메이드Mermaid 형태의 드레스에 잘 어울립니다.

영국 왕실 부케로 유명한 은방울 부케

많은 부케 중에서도 많은 신부들이 관심을 갖는 부케는 바로 고소영의 선택일 겁니다. 고소영 웨딩에 등장한 은방울꽃 부케는 원래 영국 왕실의 왕세자비의 부케로 알려져 있습니다. 얼마 전 결혼한 왕세자비 케이트 미들턴 역시 같은 부케를 들었고 국내에서는 고소영 부케로 유명세를 탔습니다.

또한 이보영은 아마릴리스 부케를 들어 본인의 이미지를 더욱 잘 부각시켰는데 아마릴리즈는 워낙 꽃이 크고 꽃잎이 상처가 나기 쉬워 구매부터 제작, 보관, 이동이 까다로운 부케입니다. 화이트 컬러는 물론 연한 피치나 정열적이고 우아한 레드도 아주 독특하고 아름다운 분위기를 자아냅니다.

자칫 꽃 크기가 커서 키가 작거나 왜소한 신부는 피하는 것이 좋지만 아마릴리즈 중에서도 꽃의 크기가 작은 사이즈들이 나오므로 신경 써서 준비하면 단아하고 동양적인 느낌도 낼 수 있습니다.

2014년 대세 부케, 잉글리쉬 로즈 부케

장미 중에서도 꽃송이의 크기가 가장 크고 겹겹이 둘러싼 꽃잎의 우아함과 신비함이 이루 말할 수 없이 아름다운 꽃이 잉글리쉬 로즈입니다. 2013년 웨딩에서 자주 등장한 잉글리쉬 로즈는 국내에서 판매하는 전량이 수입인 고가의 꽃으로 사시사철 사용하기는 어려운 꽃입니다 올해 결혼한 백지영이 잉글리쉬 로즈 부케로 리허설 촬영과 본식을 진행했고 수많은 신부들도 많이 들었던 트렌디한 웨딩 부케입니다.

이처럼 스타의 웨딩 아이템은 대중들의 선망의 대상이면서 자신의 웨딩에 꼭 한번 시도해 보고 싶은 욕구를 갖게 합니다. 그렇지만 꼭 유의해야 할 사항은 스타들을 무턱대고 따라하기보다 자신이 선택한 웨딩 스타일링과 본인의 얼굴형, 체형, 키, 분위기 등을 고려하여 신중히 선택하는 것이 완벽한 스타일링의 기본이라는 것입니다.

신부를 빛내 줄
웨딩 부케 만들기

준비 재료

화이트 장미 20~25송이(마르샤), 그린 소재 13~15개(레몬 잎), 화이트 플로랄 테이프, 리본, 진주핀,
꽃가위, 일반 가위(리본용), 가시 제거기

만들기

1 장미 줄기 부분의 잎과 가시를 가시 제거기로 위부터 아래로 훑어 내리며 제거해 주세요.

2 그린 소재의 잎도 위쪽의 잎 2~3장만 남기고 모두 제거합니다.

3 장미 3송이와 그린 소재 재료 1~2개를 모아 꽃 봉우리 아래, 즉 줄기의 약 10cm 정도 되는 지점을
   화이트 플로랄 테이프로 단단히 감아줍니다.

4 ③과 같은 작은 꽃다발을 5개 만들어 줍니다.

5 5개의 작은 꽃다발을 한손에 모아 잡고 꽃의 얼굴 방향과 부케의 높낮이를 적절히 조정하여 화이트
   플로랄 테이프로 풀리지 않도록 단단히 감아줍니다.

6 ⑤의 재료들이 단단히 고정되면 플로랄 테이프를 이용해 손잡이가 될 부분까지 줄기 전체를 감싸듯
   감아줍니다. 이때 줄기의 두께가 위에서 아래까지 균일할 수 있도록 신경 써서 감아줘야 합니다. 참고
   로 작은 꽃다발을 하나로 모을 때 줄기 방향이 나선형이 되도록 한 방향으로 모아줘야 줄기의 두께나
   모양이 균일하게 됩니다.

7 줄기를 감싼 화이트 플로랄 테이프 위에 폭이 넓은 리본을 사선으로 감아 진주핀을 꽂아 깨끗하게 마
   무리해 줍니다.

1. 부케와 함께 반드시 빠지지 말아야 할 것이 부토니아 1개(신랑)와 코사지 6개(양가 부모님, 주례, 사회자)입니다. 부케를 제작할 때에는 재료를 넉넉하게 준비해서 부토니아와 코사지를 함께 만들어야 합니다. 코사지의 경우 보통 부케의 재료가 된 꽃 1송이와 그린 소재 1개 정도로 제작하면 됩니다. 부케 만들기처럼 꽃을 모아 화이트 플로랄 테이프로 감아 부케의 줄기 부분처럼 그 위에 가는 리본을 덧대어 감아 준 다음 작은 진주핀으로 마감하면 됩니다. 이러한 방법으로 6개를 만들어 준비하고, 부토니아는 코사지보다 약간 더 사이즈를 키우거나 소재를 더 추가하여 신랑의 부토니아를 만들면 됩니다.

2. 부케를 전달할 때에는 꽃 부자재를 판매하는 곳에서 손잡이가 있는 부케 상자를 구매하여 반드시 박스에 넣어 보관하고 전달하는 것이 좋습니다. 그렇지 않을 경우 쉽게 시들거나 손상될 수 있으니 주의해 주세요. 부토니아와 코사지 역시 상자 안에 함께 넣을 수 있도록 제작되어 보관이나 이동이 편리합니다.

3. 만일 부케를 제작한 시점이 식이 진행되기 하루 전이나 그 이상이라면 커피전문점에서 사용하는 테이크아웃 컵에 물을 1/3 정도 넣어 부케 상자 안에 끼워 넣고 부케의 줄기 부분을 담가 물이 계속적으로 공급될 수 있도록 해줘야 합니다. 부토니아와 코사지 역시 작은 투명 워터픽(뚜껑이 고무로 된 구멍이 있는 시험관 모양의 용기로 꽃 한두송이 정도를 끼워 물 공급을 해줄 수 있습니다)에 물을 1/2 정도를 넣어 끼워 부케 상자에 넣어줍니다.

4. 부케의 보관 온도는 영상 5~10도 정도가 적당하므로 여름이나 겨울에는 온도를 맞춰 보관하는 것이 중요합니다. 보관 장소가 딱히 없다면 냉장고에 보관하는 것도 나쁘지 않은 방법입니다. 단, 1도 이하로 온도가 떨어져 꽃이 어는 일이 없도록 주의해야 합니다.

특별함을 부르는 파티

브라이덜 샤워

BRIDAL SHOWER

브라이덜 샤워는 16세기 네덜란드에서 결혼을 앞둔 가난한 신부의 살림살이를 친구들이 선물하는 데에서 유래했답니다. 최근엔 신부의 친구들이 선물과 수다로 신부를 기분 좋게 샤워시킨다는 의미로 파티를 열곤 합니다. 친한 친구들이 주인공 신부를 위한 파티를 꾸며 살림살이로 활용할 수 있는 간단한 선물을 준비해 전달하고 결혼 전 마지막으로 서로간의 추억을 나누며 즐거운 대화로 시간을 보낼 수 있는 결혼 축하 파티로 생각하면 편하겠죠.

감각적인 미국 드라마나, 영화 속에서 종종 볼 수 있었던 브라이덜 샤워는 베이비 샤워와 함께 우리에게 알려진 지 몇 년이 되지 않았습니다. 그러나 최근엔 상업적으로 브라이덜 샤워 파티가 성행하면서 폐해도 적지 않습니다.

얼마 전 파티플래너로서 부끄러웠던 적이 있었습니다. 신부의 친구들이 브라이덜 샤워 파티를 열어주는데 1인당 비용이 70만 원 가까이 들었다는 기사를 보고 말입니다. '도대체 어떤 브라이덜 파티였기에 그런 큰 비용이 들었다는 이야기인가?' 글을 읽어보니 결혼식을 앞둔 친구가 브라이덜 샤워를 하는 것이 소원이라서 친한 친구들이 신부의 결혼 선물로 파티를 열어주기로 결정을 했다고 합니다. 그러나 브라이덜 샤워를 정확히 잘 알지 못했던 친구들은 인터넷 검색을 통해 유명 호텔에서 패키지로 판매하는 브라이덜 샤워 파티 상품을 선택했다는 내용이었습니다.

물론 호텔에서 제공한 장소는 고급스러웠고, 맛있는 음식과 와인, 풍선 장식과 케이크, 신부를 위한 꽃다발까지 브라이덜 샤워에 필요한 아이템들이 모두 포함되어 있는 패키지였습니다. 신부와 친구들은 특별한 날에 맞는 메이크업과 드레스까지 차려 입고 호텔에 시간 맞춰 도착해서 준비된 파티를 즐기기만 하면 되는 것이었습니다. 비용 걱정 없이 인생의 단 한번 있을 법한 파티를 호텔에서 보내는 것도 나쁘지는 않겠죠. 하지만 그 화려하고 고급스러운 파티를 즐기고 나서 발생된 비용이 걱정이라면 친구들에게 그리 유쾌한 추억만은 아니었을 겁니다.

한번 생각해 보죠. 패키지 비용은 총 160만 원이었습니다. 세 명의 친구가 결혼식 당일 축의금으로 20만 원씩 냈고 브라이덜 샤워 파티 비용까지 합하면 1인당 70만 원이 넘는 비용을 부담해야 했다고 합니다. 그러나 문제는 여기서 끝나지 않습니다. 모인 나머지 친구들이 결혼을 할 경우 이와 비슷한 수준의 브라이덜 파티를 준비해야 하니 비용 부담이 한번으로 끝나지는 않는다는 이야기가 되죠. 이래서야 특별한 추억은 커녕 빚으로 얼룩지지 않을까 걱정입니다. 그러나 사실 최근 이러한 브라이덜 샤워 패키지는 호텔들의 흔한 상품이 되었고 이용자들도 많이 늘고 있는 추세라고 합니다. 호텔의 입장에서 경기가 안 좋은 요즘 같은 때에 빈 객실을 활용해 새로운 상품을 기획하고 판매하는 것은 전혀 잘못된 일이 아닌 어찌 보면 당연한 일입니다.

특별한 추억, 아이디어가 필요해

앞에서도 말했지만 비용 걱정이 없다면 고민거리
도 아니겠지요. 그러나 평범한 직장인들에게 7~80
만 원의 비용은 부담스러운 금액일 겁니다. 그렇다
면 브라이덜 샤워는 과연 이렇게 많은 비용을 들여야
만 가능한 파티일까요? 정답은 "절대 아니올시다"입니
다. 우리나라 사람들은 파티라는 단어 자체의 이미지를
'고급스러움'과 함께 연상하는데 이런 고정관념만 없앨
수 있다면 브라이덜 샤워 파티 역시 빛나는 아이디어로 특
별하게 꾸밀 수 있답니다. 인생에서 가장 아름다운 순간, 친구
들과의 특별한 추억을 만들고자 계획하고 있다면 이렇게 해 보세요.

일단 주최자에 대한 고정관념을 버려야 합니다. 브라이덜 파티는 친구들이 열어주는 파
티라고 생각하고 마냥 기대만하고 있을 참인가요? 그러다 친한 친구들과의 추억거리
하나를 놓치게 됩니다. '신부가 열어 초대하는 브라이덜 파티가 뭐가 문제인가?' 생각
해 보면 노골적으로 선물을 받고 싶은 마음을 내비치는 것이 아닌가 하는 걱정이 들겠
지만 이 문제 역시 생각만 조금 바꾸면 문제가 될 게 없다고 생각합니다. 결혼을 하면
신부의 친한 친구들이 일반 하객들보다 약간은 더 좋은 선물이나 높은 금액의 축의금을
하는 것이 당연지사입니다. 그렇다면 이야기는 끝났습니다. 이제 본격적으로 브라이덜
샤워 파티를 준비해 보겠습니다.

여러분을 더욱 높이 올려줄 사람만을 가까이 하세요. _오프라 윈프리

브라이덜 샤워, 더 특별하게 집에서도 가능하다

1 브라이덜 샤워 파티에 대해 신부와 친구들이 함께 이야기하고 파티의 규모를 정해 봅니다.

2 축의금 대신 친구들끼리 정한 상한 금액 이하로 신부에게 필요할 것 같은 선물을 서로 겹치지 않게 준비하기로 미리 논의하세요.

3 파티 당일에 올 친구와 신부는 파티의 룰에 대해 미리 이야기 나누고 신부는 자신의 집이나 저렴하게 대여할 수 있는 공간을 알아보고 너무 과하지 않게 다과와 음료를 준비합니다. 자신의 집도 좋은 파티 공간이 될 수 있습니다. 홈 파티를 열 계획이라면 근처 파티용품 판매점을 이용해 보세요.

    우선 장식용으로 개당 1,000~1,500원 정도하는 헬륨 풍선을 30개쯤 주문하고 예산에 맞게 간단한 음식 3~4가지도 준비합니다. 물론 주문 음식도 나쁘지 않겠지만 음식 솜씨가 좋은 신부라면 결혼 예행 연습이라 생각하고 행복하고 설레는 마음으로 트렌디한 샐러드나 파스타, 간단한 핑거 푸드를 준비하는 것도 추천하고 싶은 방법입니다.

4 자신이 좋아하는 색깔의 테이블보, 은은한 불빛의 캔들, 그리고 친구들이 좋아하는 달콤한 샴페인이나 와인 1~2병만 준비하면 파티 준비 끝입니다. 혹시 술을 좋아하는 친구들이라면 특별한 날인만큼 대형마트를 찾아 세계의 맥주를 종류별로 준비하여 그 맛을 품평하며 수다를 떠는 것도 남다른 분위기를 낼 수 있는 방법입니다.

5 마지막으로 분위기를 한층 사랑스럽게 만들어 줄 케이크와 즉석 사진기를 준비하세요. 이 정도면 브라이덜 샤워 파티 준비는 완벽합니다.

색다른 파티를 원해? 정보를 더 모아봐!

이번엔 집이 아닌 외부의 공간을 대여해야 하는 경우는 어떻게 준비하면 좋을까요? 웨딩촬영을 하는 스튜디오를 시간당 대여하거나 간단한 파티나 행사를 위해 별도의 룸을 가지고 있는 예쁜 카페를 대여하는 방법이 있습니다. 웨딩 촬영 스튜디오는 파티 드레스를 함께 대여하고 기념이 될 파티 사진 촬영까지 함께 해 주는 서비스를 제공하는 곳도 있으니 참고하세요. 물론 유명 스튜디오의 브라이덜 샤워 패키지는 어느 정도 비용을 지불해야 합니다. 하지만 조금만 시간을 내어 찾아보면 큰 비용을 들이지 않고도 결혼 전 싱글만이 누릴 수 있는 브라이덜 샤워 파티를 어렵지 않게 열 수 있습니다.

브라이덜 샤워의 포인트는 화려한 파티 스타일링과 럭셔리한 드레스, 또는 맛있는 음식이 아닙니다. 결혼 전 싱글 생활의 마지막을 평생 함께 할 친구들과 함께 하며 그동안의 추억을 되새기고 행복한 결혼을 빌어주는 여자들만의 특별한 수다 한판이라는 것을 잊지 말아 주세요. 브라이덜 샤워, 아직도 조금은 낯선 파티이지만 이러한 파티의 본질만 기억한다면 결혼 전 아니 여자의 일생 중에 즐겁고 유쾌하며 행복한 추억의 한 페이지로 기록되지 않을까 합니다.

브라이덜 샤워를 반짝반짝 빛내는 아이디어

특별해서 더 아름다운 싱글녀들의 마지막 파티,
브라이덜 샤워를 더욱 특별하고 로맨틱하게 만들어 줄
다양한 스타일링을 소개합니다.

햇살과 꽃을 담아 봄을 닮은 브라이덜 샤워 파티
야외 정원에서의 브라이덜 샤워 파티 어떠세요? 햇빛 좋은 날 친구들과 특별한 추억을 만들 수 있습니다.
파티의 주인공 신부가 좋아하거나 그 계절에 맞는 꽃과 선물 상자, 케이크로 테이블을 꾸미는 것만으로도 특별한 스타일링이 됩니다.

1 화사하고 싱그러운 꽃들 사이로 단 하나의 포인트를 살린 테이블 세팅입니다. 이때 꽃들의 화사함을 그대로 살리고자 한다면 화병은 투명한 유리 글라스로 꾸며 주세요. 여기에 신부 액자 등을 올려 두면 그 자체가 포인트가 되는 스타일링입니다.
2 브라이덜 샤워의 참석자들을 연상시키는 멋스러운 컵받침입니다. 작은 소품이지만 파티를 더욱 즐겁게 만들어 주는 센스 있는 준비물입니다.
3 웨딩 케이크를 연상시키는 슈가케이크로 분위기 업!
4 디테일을 살린 테이블 웨어, 로맨틱한 분위기 연출.

꽃으로 포인트를 준 체어백 스타일링.

꽃이 가득! 로맨틱한 느낌의 테이블과 체어.

신부를 위한 선물꾸러미.

친구들을 위한 답례품도 함께.

아기자기한 테이블 소품.

파티 멘토에게 묻다

사진 속 브라이덜 샤워 총 비용(대략의 예산 비용)_선물이나 음식 비용 제외
테이블 린넨 20,000원 + 유리 화기 25,000원 + 꽃 25,000원 + 케이크 40,000원 = 11만 원
추가예산 : 파티에 어울리는 소품이나 재료 구매 비용 3∼5만 원 정도.
총 비용은 약 16∼19만 원(약 20만 원).

다양한 꽃 중에 어떤 꽃을 선택해야 할까요? 보관 방법과 함께 알려 주세요.
꽃의 궁합이라면 서로 어울림을 이야기 하는 것입니다. 꽃 선택에 있어 동일 색상계열을 선택하는 것이 실패
를 줄이는 것이고 두 번째는 화이트&그린을 믹스매치하는 방법입니다. 꽃 선택에 자신이 있다면 보색의 꽃
을 믹스하여 강렬하고 경쾌한 느낌을 주는 것도 좋습니다. 색을 조화롭게 썼다면 다음은 질감인데 같은 컬러
의 꽃을 여러 가지 쓰더라도 질감이 다른 꽃들을 다양하게 사용하면 더욱 독특하고 세련된 느낌을 줄 수 있
습니다.

플라워 바구니 만들기

센스 있는 선물은 선물 받는 사람은 물론, 선물을 주는 사람도 행복하게 합니다.
선물을 받는 사람도, 선물을 하는 사람도 특별해지는 플라워 바구니에 도전해 보세요.

만들기

1. 플로랄 폼을 물에 담가 충분히 적셔 주세요. 물위에 폼을 살짝 띄우면 빠른 시간 안에 가라앉으면서 수분을 흡수합니다.
2. 준비한 바구니에 맞게 플로랄 폼을 잘라 넣고 테이핑하여 고정합니다. 바구니가 깊은 경우 이 과정은 생략해도 무관해요.
3. 준비한 꽃을 플로랄 폼이 보이지 않도록 자연스럽게 높낮이를 주어 플로랄 폼에 꽂습니다. 꽃을 꽂을 때에는 꽃의 얼굴이 큰 종류부터 자리를 잡아 꽂아주면 조금 더 쉽게 완성할 수 있답니다. 선물용 플라워 기프트를 준비할 때 예비 신부가 좋아하는 꽃의 종류나 색상을 미리 알아보고 준비한다면 선물을 받는 예비 신부에게 더 큰 감동을 줄 수 있으니 참고하세요.

파티를 빛내 준 친구들을 위한 답례 선물
오리가미 상자 만들기

특별한 선물을 받았다면, 더 특별하게 선물하는 것이 예의 아닐까요?
어렵지 않게 만들어 고급스럽게 마음을 전할 수 있는 답례품으로 선물 상자를 만들어 보세요.

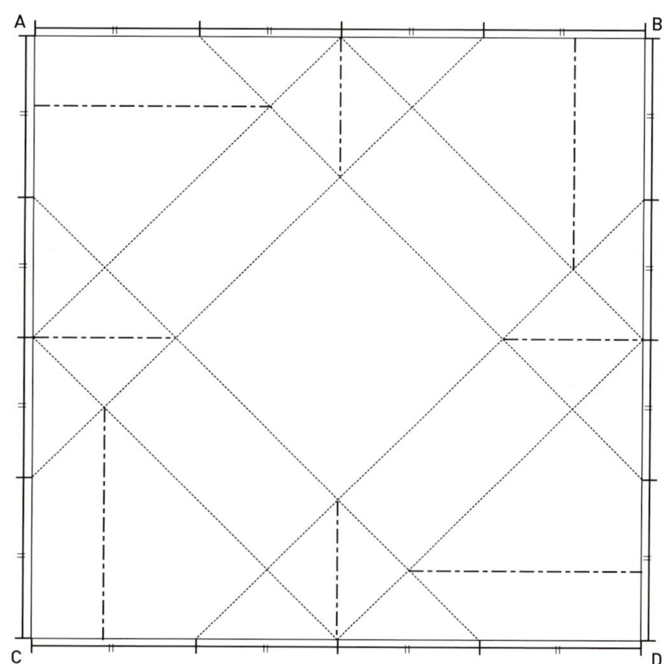

만들기

1. A4 혹은 A3 사이즈의 종이를 준비하여 긴쪽의 종이를 잘라 정사각형 모양으로 잘라 주세요.
2. 이제 네 변의 모든 방향에서 선을 맞춰 종이를 4등분으로 접어 줍니다. 이때 위의 도안에 나타난 접는 선 표시에 따라 안쪽 접기(……)와 바깥쪽 접기(−−−)를 확인하며 전체적으로 한번씩 정확히 접어 각을 잡아 줍니다.
3. 다시 펼친 종이 안쪽이 위로 올라오도록 놓고 포장할 쿠키나 캔디를 올립니다.
4. 상자의 벽이 만들어지도록 네 면을 접어 올리고 상자 전체가 여며지도록 접어 얇은 리본이나 스티커로 마무리합니다.

※ 위의 1안이 어려운 경우 선을 그려서 작업하는 2안을 선택합니다.

2안_위의 도안을 준비한 종이에 정사각형 모양으로 그립니다. 이때 도안 위쪽과 아래쪽, 옆쪽에 표시된 A와 B, C, D는 기준선입니다. 이제 도안처럼 네 변의 4등분된 기준점을 이어 대각선 방향으로 연결해 선을 그려 줍니다. 또한 안쪽 접기(……)와 바깥 접기(−−−)를 구분해 그려 줍니다. 선 표시가 없도록 작업하려면 펜 대신 칼등이나 송곳을 이용해 접는 선에 선 자국을 냅니다.

TIP

1. 종이는 너무 얇지 않은 도화지 정도의 두께나 그보다 좀 더 두께가 있는 것이 완성했을 때 적당한 모양이 나올 수 있습니다. 종이가 너무 얇으면 상자가 쉽게 구겨져 모양이 제대로 나오지 않고 너무 두꺼우면 잘 접혀지지 않아 상자가 벌어지게 됩니다.
2. A4용지를 이용해 만들 경우 상자의 크기는 7.5 * 7.5 * 3.5cm가 되는데 쿠키 2~3개 정도를 넣을 수 있는 크기입니다.
3. 오리가미 상자는 쿠키뿐 아니라 무게가 무겁지 않은 다양한 종류의 선물을 포장하는데 유용하고 한 장의 종이를 사용해 간단히 만드는 포장 방법으로 활용도가 높은 랩핑 방법입니다.

파리지앵

파리에 사는 사람들을 뜻하며,
시대를 대변하는 개성 넘치는 스타일을 대변한다.

PART 2

파리지앵처럼
멋스럽게 즐기는 파티

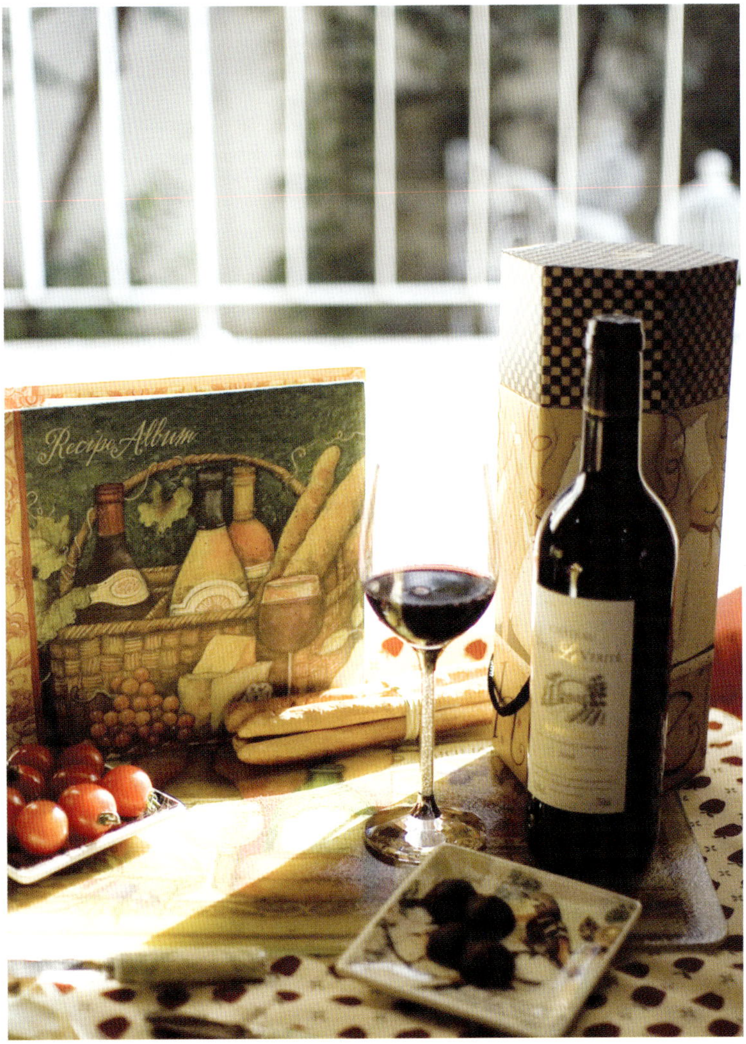

Undercats S
were also me-
wowed by his stur-

전 세계인들이 선망하는 뉴요커들에게도 닮고자 하는 대상이 있습니다. 그들은 바로 파리지앵입니다. 세느강의 물줄기를 따라 아름답게 펼쳐진 수많은 예술 작품들의 기세만큼 당당하고 도도하며 시니컬한 파리지앵들에게는 그들만의 삶을 즐기는 방식이 있으며, 그것을 우리는 여유라고 표현합니다. 삶을 여유로 대하는 파리지앵처럼 인생을 대하는 2가지 파티를 소개합니다.

Are you ready?

HOUSEWARMING PARTY

/

BIRTHDAY PARTTY

/

도전해 보고 싶은 파티
집들이

우리는 흔히 슈트와 드레스를 멋지게 차려 입고 샴페인이나 와인을 손에 들고 유유히 파티장을 거닐며 서로 즐거운 이야기를 나누는 장면으로 파티를 상상하곤 합니다. 하지만 파티의 사전적 의미는 사람들간의 친목을 도모하거나 어떠한 일을 기념하고 축하하기 위한 잔치나 모임입니다

우리는 파티를 너무 모른다

현재 우리나라에서도 파티로 분류할 수 있는 행사들은 수없이 많습니다. 결국 파티는 새로운 문화가 아닌 기존 우리 잔치 문화와 같은 의미입니다. 거기에는 앞서 이야기에서 다룬 하우스웨딩처럼 큰 규모의 파티도 있을 수 있고 이번에 이야기할 집들이와 같은 작은 홈파티도 포함된다 할 수 있겠습니다. 이사철과 친숙한 집들이 파티. 이사를 마치면 주변에서는 으레 "이사 했다며? 그럼 집들이 해야지~" 하며 은근한 압박을 합니다. 그러나 집들이란 단어만으로도 머리가 복잡해지고 걱정이 앞선다면 주목!

스트레스 없이 집들이를 즐길 수 있는 방법은 정말 없는 걸까요? 이제부터 그 방법들을 함께 고민해 보죠. 제가 제안하는 집들이 준비의 방향을 집들이 당사자들의 음식 솜씨를 기준으로 나눠 보겠습니다.

첫 번째는 음식에는 자신이 있으나 자신의 음식과 파티가 어떤 시너지 효과를 낼 수 있을지 고민하는 그룹으로, A그룹으로 칭하겠습니다. 사실 집들이의 주체자가 음식 솜씨에 자신이 있다면 걱정은 사치입니다. 그러나 여기서 말하는 음식 솜씨란 가령, 맛으로만 기준을 삼는 것이 아닙니다. 메뉴를 정하는 감각, 음식을 다루는 솜씨와 기술, 시간을 활용하는 기술이 모두 포함되는 것입니다. 자신의 음식 솜씨에 객관적인 판단을 하는 것이 성공적인 집들이를 좌우한다는 사실을 잊지 마세요.

두 번째 그룹은 음식 솜씨가 아직은 서툴고, 집들이의 주체자가 집안일 외에도 직장일을 하는 경우로 B그룹입니다. 이제 이 두 그룹에 맞는 적당한 스타일링을 해 보겠습니다.

상황에 맞는 집들이 솔루션

두 가지 솔루션을 제시하기에 앞서 우선 집들이에 초대할 인원을 정확하게 알아야 합니다. 자신이 주체가 된다면 어려운 일은 아니겠으나, 결혼을 한 주부라면 남편에게 초대 인원을 정확하게 물어보는 것이 좋습니다. 또한 그들의 음식 취향을 먼저 파악해 보는 것도 좋은 방법입니다. 이제 집들이 장소를 정해야 합니다. 우선 인원에 따라 또는 집안의 구조에 따라 거실로 할지, 정원이나 옥상 테라스로 할지 장소를 정합니다. 또한 음식 메뉴에 따라, 혹은 손님들의 취향에 따라 테이블 세팅을 입식으로 할지, 좌식으로 할지 등을 정합니다.

손이 가는 음식, 남다른 세팅으로 승부하라

사실 집들이에서 가장 중요한 것은 음식입니다. 음식의 기본은 맛이겠으나, 눈으로 볼 때 먹음직해 보이는 것 역시 중요합니다. 즉 음식을 어떻게 담아낼까를 고민해야 합니다.

추천하고자 하는 방법은 음식 중 메인 음식의 수만큼 사이즈가 큰 식기를 준비합니다. 준비된 식기가 없다면 유행을 특별히 타지 않는 깨끗한 화이트 계열의 큰 사이즈 접시와 볼을 구매하여 준비하는 것도 좋은 방법입니다. 물론 음식을 담았을 때 식어도 되는 음식인지 아니면 계속 온도를 유지해야 하는 음식인지에 따라 준비하는 식기의 종류가 약간 달라질 수 있는데 최근에는 티라이트 캔들을 넣어 음식의 온기를 유지하는 워머들이 여러 가지 타입으로 나오고 있어 온도를 유지해 주어야 하는 음식의 경우 이런 도구들을 활용하면 효과적일 수 있습니다. 최근에는 국내 파티 문화의 발달로 파티에 관련된 집기들을 대여해주는 업체들이 많이 생겨나고 있고 또 약간의 보증금만 지불하면 왕복 배송까지 해주는 인터넷 사이트도 많아졌으니 참고하세요. 테이블이나 의자 또는 식기류 역시 대여업체를 이용한다면 굳이 큰 사이즈의 집기들이나 식기류를 구매하지 않아도 되고 이런 업체들의 다양한 소품들을 둘러보면서 집들이 계획을 세워 보는 것도 도움이 됩니다. 자 이제부터 본격적인 테이블 세팅을 시작해 볼까요.

1. 테이블 린넨을 준비해 주세요. 테이블의 상태가 깨끗하거나 블랙, 화이트 등의 단색일 경우는 그대로 노출해도 나쁘지 않습니다. 단, 오래된 교자상이나 대여한 테이블을 사용한다면 집안 인테리어와 어울리는 깨끗한 색감의 단색 테이블 린넨을 준비합니다. 테이블 린넨은 집들이 음식과 집의 인테리어를 고려해 색감을 정합니다.

2. 이제 테이블에 준비한 테이블 린넨을 반듯하게 깝니다. 제가 추천하고자 하는 테이블 세

팅은 뷔페 스타일의 상차림입니다. 손님과 집 주인 모두 즐겁게 즐길 수 있는 상차림입니다. 한 테이블당 손님 4명~6명 정도 앉을 수 있도록 기본 반찬과 식기 등을 배치해 주세요. 그리고 준비된 식탁 매트 위에는 개인 접시와 스푼, 포크, 나이프와 같은 커트러리를 올려 뷔페식 상차림을 완성합니다. 집들이 메인 요리들의 경우는 따로 테이블을 만들어 세팅하는 방법을 추천하고 싶습니다. 그러나 집들이를 좌식으로 준비하거나 협소한 공간에서의 집들이에는 권하지 않는 방법입니다. 이럴 때는 손님상에 올린 기본 반찬 사이사이에 메인 요리를 큰 식기에 담아 함께 담아내는 것이 방법입니다.

3 마지막으로 우아한 테이블 세팅에 빠져서는 안될 것이 바로 센터피스입니다. 센터피스는 의미 그대로 테이블의 중앙을 장식하여 세팅을 돋보이게 하는 장치로 플라워, 캔들 또는 여러 가지 소재로 테이블 사이사이에 손님들의 시선을 방해하지 않는 높이로 세팅해 주면 그날의 파티를 빛내 줄 아이템입니다.

홈 파티의 경우 플라워는 너무 화려하거나 볼륨이 커서 음식의 색감을 퇴색시키거나 식사의 방해가 가지 않게 해야 합니다. 캔들의 경우 역시 과한 사용으로 초대된 손님이 위협을 느끼지 않도록 안전에 유의하여 세팅하는 것이 중요합니다. 간혹 손님의 머리카락이나 냅킨 등에 불이 붙어 화재의 위험을 초래하는 경우도 있기 때문입니다. 플라워나 캔들을 꼭 테이블 위에만 세팅하는 것보다는 스타일링의 사이즈를 키워 손님들의 시선이 닿는 곳에 포인트로 세팅하는 것도 좋은 방법입니다. 파티 스타일링의 범위를 테이블 세팅으로만 한정 짓지 말고 공간 장식의 의미까지 부여하여 집안 곳곳을 플라워나 캔들로 장식하는 것은 파티의 분위기를 더욱 고조시키는 홈파티 스타일링의 중요한 팁이 될 수도 있습니다.

기꺼이 취하고 싶은 파티로 만들어라

두 번째 그룹은 음식 솜씨에 자신이 없고 음식 준비를 위해 시간을 할애할 수 없는 상황을 위한 스타일링입니다. 사실 저 역시 이 그룹에 포함이 된답니다. 솔직히 요즘 같은 시대에 조금 더 현실적인 제안일 거라 생각이 듭니다.

본론을 말하자면 우선 식사 부분은 과감히 포기하는 겁니다. 자신이 할 수 없는 부분은 인정하고 과감하게 포기하되, 손님들에게 다른 부분의 즐거움을 주는 집들이 파티를 계획하자는 이야기입니다. B그룹의 파티를 선택했다면 제일 신경 써야 하는 부분은 바로 술이나 음료에 어울리는 테이블 세팅입니다. 예를 들어 집에서의 파티로 와인을 준비했다면 와인과 어울리는 카나페나 햄, 치즈 등 핑거 푸드를 준비해 둡니다. 핑거 푸드는 음식에 대한 소질이나 지식이 없어도 인터넷을 검색하여 다양한 레시피를 구할 수 있으며 간단히 만들어 낼 수 있기 때문에 부담 없이 준비할 수 있습니다.

핑거 푸드는 약간의 시간을 할애하여 만들어 냉장고에 보관해 두면 됩니다. 또한 와인과 어울리는 치즈 몇 가지와 과일을 준비해 두면 준비 끝입니다. 이번 그룹의 파티의 핵심은 세련된 파티와 와인에 맞춰야 한다는 사실을 잊지 마세요. 자신이 정성스레 준비한 와인에 대한 정보를 사전에 알아두어 손님들에 설명하는 방법도 센스 있는 방법입니다.

그대가 가진 가치를 즐기고 싶다면,
세상에 그대의 가치를 베풀어라. _괴테 '격언적' 중

와인 파티의 경우 좀 늦은 시간에 진행되는 것을 감안하여 조명을 낮추고 집안 포인트마다 캔들을 많이 사용하는 것이 은은한 와인 파티 분위기를 강조하기에 효과적입니다. 플라워를 사용하더라도 레드 컬러의 장미나 어두운 비비드 컬러의 열매나 가지를 활용하여 캔들과 함께 믹스매치하면 와인 파티에 어울리는 스타일링이 됩니다. 식기와 커트러리 역시 모던하면서도 세련된 컬러나 디자인을 사용하는 것이 좋습니다. 이번 파티의 테이블 세팅은 음식을 한 식기에 너무 많이 담아내지 않고 절제된 스타일링과 어울리게 음식을 세팅하는 것도 팁이라 하겠습니다.

저는 두 가지 유형의 파티를 소개했지만 상황에 맞게 두 가지 파티를 믹스하는 것도 좋은 방법입니다. 제가 생각하는 집들이 파티는 집 주인과 손님이 모두 즐길 수 있는 시간이 되어야 한다는 것입니다. 자신의 공간 속으로 타인을 초대하여 보내는 달콤한 시간이 바로 집들이 파티의 포인트라 생각합니다.

손님들이 사랑한 집들이 아이템

자신의 공간을 누군가와 나눈다는 것, 무엇인가를 나눌 수 있다는 것은
어찌 보면 굉장한 축복입니다. 당신의 공간을 포근하고 반짝이는 공간으로
탈바꿈시켜 줄 특별 아이템들을 지금 당장 만나볼까요?

테이블 세팅의 정석
마당이 보이는 창가에 정원의 색을 담은 컬러와 패턴
의 테이블 린넨. 자연스럽게 연출한 그린 소재들과
홈메이드 베이킹으로 홈 파티의 분위기를 더욱 편하
고 따뜻하게 만듭니다.

1

달콤한 슈가 컵케이크와 분홍색 튤립.

2

히야신스, 수국, 튤립이 서로 어우러진 플라워 스타일링. 특별한 테크닉 없이도 가능한 스타일링.

3

뷔페 스타일로 음식을 세팅했을 때 필요한 개인 접시. 단순한 접시지만 집주인의 개성이 담긴 디자인을 선택한다면 그 또한 훌륭한 파티 스타일링이 됩니다.

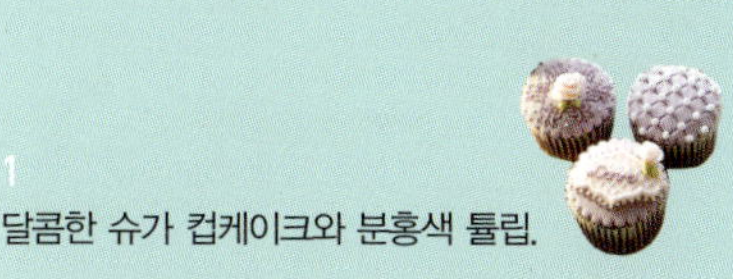

집들이 홈파티에 빠질 수 없는 아이템, 와인.

집안의 분위기와 향기를 책임질 아로마 캔들은 집
안의 잡냄새를 없애줄 뿐 아니라 파티 센터피스로
도 활용이 가능한 베스트 아이템입니다.

파티 준비에 필요한 플라워와 각종 과일들을 바구니에 준비해 세팅해 보세요!

냅킨 한 장도 남다르게! 패브릭 냅킨.

집들이 파티에서 가장 중요한 테이블 세팅은 무엇인지요?

손님들이 음식을 먹으며 대화를 나눌 수 있도록 세팅하는 것이 가장 중요합니다. 또한 지인들끼리 집들이라는 이벤트를 빌어 그들만의 친밀한 시간을 즐기는 것도 중요합니다. 그러나 너무 먹는 것에만 치중한 음식 준비로 차고 넘치는 테이블 세팅보다는 대화를 나누며 가볍게 먹을 수 있는 후식이나 안주 종류의 세팅에도 신경을 쓰는 것이 좋습니다. 손님들이 움직이는 동선을 방해하는 위치는 피해서 테이블을 세팅하는 것이 좋고 집에서 하는 요리들의 특성상 색감이나 푸드 스타일링을 일일이 하는 것이 어렵기 때문에 화이트 계열의 접시와 그릇을 이용하고 포인트로 심플한 센터피스나 냅킨 등을 이용하는 것이 좋습니다. 복잡한 테이블 세팅은 손님들에게 좋은 인상을 남기기 어렵습니다.

플라워 센터피스 만들기

만들기

1 화기에 플로랄 폼을 넣어 화기의 입구보다 플로랄 폼이 3~4cm 올라오도록 높이를 맞추어 폼 전용
   나이프로 자릅니다.
2 ①의 잘라놓은 폼을 물이 담긴 통에 살짝 띄워 물을 흡수시킵니다. 이때 폼은 손으로 누르지 않고 자
   연스럽게 물속에 잠기도록 2~3분 정도 띄워 두세요.
3 준비된 화기에 플로랄 폼을 넣어 움직이지 않도록 고정 시킵니다.
4 화기 위로 올라온 폼의 각진 모서리를 나이프를 이용해 완만하게 깎아냅니다.
5 준비된 생화 4~5종의 줄기 부분 중 불필요한 부분을 꽃가위로 깔끔하게 정리합니다.
6 정리된 생화는 꽃가위를 이용해 적당한 길이로 잘라 플로랄 폼의 중심을 향해 꽂아 나갑니다. 이때 꽃
   의 줄기는 사선으로 잘라 줄기 끝이 폼에 닿을 수 있게 하여 물 흡수가 용이하도록 해 줍니다.
7 플로랄 폼이 보이지 않을 때까지 방사형으로 자연스러운 높낮이를 주어 생화를 꽂아 채워나갑니다.
8 준비된 파티 테이블의 중앙에 ⑦을 예쁘게 배치합니다.

선물하고 싶은 파티
어른들을 위한 생신 파티

우리나라의 한 가족 수를 평균 4인으로 볼 때 1년 중 집안의 가장 많은 행사는 가족 구성원의 생일일 겁니다. 매년 돌아오는 부모님 생신, 배우자 생일, 자녀 생일 등 매년 똑같은 파티가 조금은 식상하게 느껴질 때가 있습니다. 일정한 사이클로 돌아오는 생일들, 남다른 감각으로 파티를 열어 줄 수는 없는 걸까요? 특히 이번에는 어른들을 위한 생신에 대한 합리적이고 감각적인 접근을 해보겠습니다. 일년의 한 번쯤은 일등 아들, 딸, 사위, 며느리가 되어 보는 것도 의미 있지 않을런지요.

일년에 한 번 제대로 된 효도를 할 수 있는 기회!

HOST　집안 어른들
GUEST　가족, 가까운 친인척, 친구 etc

항상 중요한 것은 파티의 주인공과 초대되는 손님을 분석하는 일입니다. 제가 생각하는 어른들의 생신 파티에서 가장 중요한 것은 단연코 음식입니다. 그렇기에 독특한 아이디어가 담긴 파티 플랜보다는 일반적인 방식 그대로 상차림을 푸짐하고 맛있는 한식 요리 위주의 음식을 준비하는 것을 기본으로 해야 합니다. 자칫 신경을 더 쓴다고 준비한 새로운 레시피의 퓨전 음식이나 서양식 음식들이 주인공인 어른들과 지인들의 입맛에 안 맞을 수가 있습니다. 더욱이 생소한 음식에 대한 거부감으로 준비한 음식의 가짓수나 노력에 비해 잘 차리지 못했다는 평가를 받을 수도 있기 때문입니다. 즉 한식 위주의 음식으로 별 무리 없이 행사를 치르는게 합리적입니다.

편안하고 세심한 배려가 담긴 상차림을 준비하자!

사실 생신 상차림에서 차별화 포인트는 테이블 세팅입니다. 집안 어르신들을 위한 파티이므로 편안한 느낌의 세팅만으로도 가족 모두 환호할 만한 상차림을 차릴 수 있게 됩니다.

생신상에 어울리는 테이블 세팅의 첫 번째가 될 수 있는 테이블보는 사전에 사이즈를 맞추어 제작을 해둡니다. 제작 방법은 동대문 종합상가 한복 원단 매장을 찾아 다양한 색깔 중 원하는 색을 고르고 전체 테이블을 덮을 정도의 크기로 제작하는 것입니다. 원단의 색은 음식들의 식감을 돋우는 파스텔 톤의 우아한 색감을 고르는 것이 좋고 같은 색상으로 약간의 동양적인 느낌의 패턴이 들어가 있는 것을 추천합니다. 원단의 가격대는 1마(90cm)당 3,000~6,000원 사이이며, 교자상 두 개 정도를 이어 붙인다고 했을 때 필요한 원단은 3마면 충분할 겁니다. 바느질을 직접 할 수 있다면 올이 풀리지 않도록 바느질을 해주면 되고 바느질이 서툴다면 동대문 원단 시장 지하 1층의 전문 수예점들 중 한곳을

찾아 의뢰를 하면 됩니다. 일이 많이 밀려 있지 않은 매장을 찾는다면 그 자리에서 바로 작업을 해주기도 하니 참고하세요. 그리고 좀 더 욕심을 내어 교자상을 가로지르는 테이블 러너도 함께 제작하면 더 훌륭한 분위기를 낼 수 있습니다. 러너로 제작할 한복 원단을 고르기 어렵다면 색동 원단을 골라 길게 잘라 색동 줄 무늬가 러너 자체의 무늬가 되도록 제작하는 것도 좋은 방법입니다. 러너를 제작할 때 길이는 테이블보의 길이와 같게 해 주고 폭은 25~30cm정도로 만들어 주면 적당합니다. 러너의 색은 색감이 너무 강해서 도드라져 보이는 것보다 테이블 보 컬러와 어울리면서도 포인트가 되는 색상들을 선택하는 것이 좋습니다.

테이블 웨어를 준비했다면 그것들에 어울리는 식기류를 준비하는 것이 순서입니다. 전통 문양의 패턴이 담긴 식기와 나무 질감의 식탁 매트 등 점잖은 느낌의 소품들을 준비하는 것이 좋습니다. 또한 나무재질의 숟가락과 젓가락을 준비해 세팅하는 것도 좋은 방법이 될 수 있습니다. 마지막으로 테이블 사이사이 작은 화병에 동양적인 느낌의 흰색 호접난이나 모카라Mokara 등의 꽃을 한대씩만 꽂아주어도 어른들을 위한 상차림의 마무리로 훌륭합니다.

센터피스를 활용할 때는 항상 주의해야 할 점이 있습니다. 플라워나 장식들을 식사에 방해가 되지 않는 사이즈로 선택하는 것입니다. 반대편에 앉은 사람의 얼굴이 보이지 않는다거나 식사 테이블의 너무 많은 부분을 차지한다면 안 하느니만 못한 스타일링이 되므로 이 부분을 주의해야 합니다. 또한 생일 상차림의 꽃이라 할 수 있는 케이크의 경우 특별한 날에 맞는 떡 케이크로 준비해 보세요. 서양식 케이크 디자인 못지 않은 디자인의 떡 케이크를 미리 주문하여 준비한다면 어른들의 입맛에도 맞고 전체적인 상차림과도 조화로운 테이블 세팅을 완성할 수 있습니다. 한 가지 더 손님들을 위한 편안한 방석까지 준비해 준다면 어른들이 누구나 편안하게 즐길 수 있는 파티 스타일링이 완성됩니다.

세상에서 가장 아름답고 소중한 것은
보이거나 만져지지 않는다.
단지 가슴으로만 느낄 수 있다. _헬렌 켈러

스타일링만으로도 럭셔리해지는 특별한 아이템

파티의 분위기를 좌우하는 감각적인 스타일링은 파티의 주인공과
손님의 취향을 알아야 가능합니다. 집안 어른들을 위한 생신 파티를 격조 있게
만들어 줄 럭셔리 아이템을 알아보겠습니다.

어른들을 위한 전통적인 분위기의
테이블 세팅.

1 두께가 있는 색색의 끈을 땋아 폭이 넓은 리본이나 원단에 붙여 간단히 만들 수 있는 냅킨 홀더.

2 센터피스로 목화와 붉은 열매를 이용, 선의 느낌을 표현하여 심플하고 슬림하게 제작.

3 한복의 질감과 유사한 원단으로 작은 주머니를 만들고 수저를 넣어 리본을 묶어주면 간단하게 수저집을 만들 수 있어요.

4 한 폭의 동양화를 테이블에 담아 보세요.

5 흔히 사용하는 패브릭 매트가 아닌 얇은 나무 쟁반을 이용해 독특한 매트로 완성.

6 동양적인 느낌의 플라워 센터피스, 반다.

세련된 스타일의 플라워 기프트를 제안합니다
더 특별한 꽃 선물의 모든 것

제대로 된 선물은 항상 제대로 된 값어치를 합니다.
꽃, 식상할 수도 있는 아이템입니다.
그러나 제대로 선물할 수 있다면 그보다 귀한 선물도 없을겁니다.

기본에 충실한 꽃다발에 존경의 마음을 담아 선물하세요

꽃다발은 이동이 간편하여 외부에서 전달해야 하는 상황에서 선물하기에 적합합니다. 유치원 아이들의 생일 파티부터 연세가 많으신 어르신들까지 연령대에 상관없이 활용 가능합니다.

졸업 입학 선물의 대명사 꽃다발은 축하의 의미를 전달하는 형태로 가장 대표적인 플라워 기프트입니다. 예전엔 기다란 형태의 암부케(한쪽 팔로 앉는 형태) 형식으로 많이 만들어졌으나 최근엔 동그란 모양의 라운드 부케로 대부분 제작되고 있습니다. 암부케의 경우 볼륨을 크게 하여 톤다운된 컬러의 플라워와 고급 소재로 제작한다면 격조 있는 중요한 자리나 행사에 어울리는 스타일이 완성됩니다.

라운드 부케의 경우는 귀여운 색감을 활용하여 작은 사이즈로 제작한다면 아이들의 학예회나 졸업 입학, 생일 등에도 잘 어울리는 선물 아이템입니다. 특히 아이들을 위한 꽃다발이라면 꽃 사이사이에 맛있는 캔디나 좋아하는 작은 캐릭터 또는 좋아하는 컬러의 리본을 넣어 제작하면 더욱 훌륭한 선물이 될 수 있습니다.

특히 라운드 형태의 꽃다발은 웨딩 부케를 만드는 방식과 방법이 거의 동일하여 이 책에 실린 웨딩 부케 만들기를(37페이지) 활용하면 초보자들도 간단히 꽃다발을 만들 수 있으니 참고하세요.

제작 방법에 있어 조금 다른 점이 있다면 꽃의 종류를 다양하게 선택하여 높낮이를 주어 웨딩 부케보다는 좀 더 자연스러운 느낌을 강조한다는 점입니다.

꽃다발을 완성함에 있어 마지막 과정인 랩핑(포장) 과정은 플라워의 아름다움을 더욱 살려줄 수도 있고 또 그 반대일 수도 있습니다. 랩핑을 할 때 실패 확률을 줄일 수 있는 방법은 화이트나 블랙, 그레이 등 무채색 계열의 랩핑지를 사용하는 방법과 플라워의 색감보다 연한 컬러의 재질을 활용하는 방법입니다. 자연스러운 분위기를 극대화하고 싶다면 베이지나 브라운 컬러의 오일페이퍼를 이용하는 것이 효과적입니다.

여기에 포인트로 플라워와 유사한 컬러의 리본을 묶어주면 무난하면서도 세련된 랩핑이 완성됩니다. 랩핑 재질로는 티슈페이퍼나 오일을 함유한 오일페이퍼를 사용하면 자연스럽고 편안하면서도 세련된 느낌을 주고 무광의 비닐 재질을 사용하면 모던하고 깔끔하면서도 고급스러운 느낌을 낼 수 있습니다.

좀 더 격조 있는 선물을 원한다면, 꽃 바구니를 준비하세요

축하의 의미로 전달하되 특정 장소로 배송을 요할 때 활용이 가능한 꽃바구니. 예를 들어 집들이나 생일 파티와 같은 홈 파티, 출산 축하 등 대상이 있는 곳으로 찾아가야 할 때 꽃 바구니는 활용도 높은 플라워 기프트라 할 수 있겠습니다.

꽃 바구니는 특성상 플로랄 폼을 바구니 안에 넣어 꽃을 꽂아 고정하게 되므로 꽃다발과 같은 절화이지만 꽃의 수명이 길어 일정기간을 두고 볼 수 있다는 장점이 있습니다. 꽃 바구니의 경우 특정한 장소에 평균 1주일 이상 놓아두어 장식적인 효과도 낼 수 있으므로 받는 사람에게 좋은 선물이 될 수 있습니다. 바구니는 모양에 따라 여러 가지 형태가 나올 수 있는데 만일 바구니를 받고 어딘가 이동해야 한다면 꼭 손잡이가 있는 것으로 제작한 후 투명 비닐이나 유사한 포장지로 포장을 해야 합니다. 반대로 방문을 하여 전달할 예정이라면 손잡이가 있는 것보다는 어떠한 장소에 놓아두었을 때 센터피스와 같은 느낌을 줄 수 있는 손잡이 없고 안정감이 있는 화기 형태의 바구니를 사용할 것을 추천합니다.

물론 선물을 가지고 가는 사람이 대중교통을 이용한다면 손잡이가 있는 바구니로 준비해야겠지요.

꽃 바구니는 연령대에 따라 혹은 상황이나 장소에 따라 꽃의 종류나 컬러를 달리하여 선물하면 선물의 의미를 더욱 잘 살릴 수 있을 것입니다. 단, 아이들의 선물로 꽃 바구니는 물을 머금은 플로랄 폼과 바구니 자체의 무게가 꽤 나갈 수 있어 적합하지 않습니다. 또한 병원으로 방문을 한다면 산모와 아기 또는 환자가 있는 병실 안으로 꽃을 가지고 들어가는 것이 금지되는지 아닌지를 병원 측에 확인하고 준비하는 것이 좋으며 꽃의 향이 너무 강하거나 재채기나 알레르기를 유발하는 식물을 사용하지 않도록 특별히 주의해야 합니다.

지인의 집 방문의 경우에는 가능하면 집 주인의 취향을 고려하고 특히 그 집을 방문한 적이 있다면 집안 인테리어나 집 분위기에 맞는 컬러를 고르는 것도 좋은 방법입니다.

특별함을 강조하고 싶을 때 화기 꽃꽂이 또는 화분을 선택하세요

화기 꽃꽂이의 경우는 이동하면서 꽂은 꽃이 뽑히거나 훼손되지 않도록 포장에 신경을 써야 합니다. 반드시 투명 비닐이나 유사한 포장지를 사용하여 꽃이 눌리거나 손상되지 않도록 여유 있게 포장을 하고 그 장소에 도착할 때까지 화기가 깨지거나 손상되지 않도록 조심해서 이동해야 합니다.

화분의 경우에도 마찬가지로 이동 시 손상에 유의해야 합니다. 화기 꽂꽂이의 경우에는 바구니와 마찬가지로 선물이 전달된 후 센터피스나 공간 장식용으로 활용이 되기 때문에 공간의 특성을 잘 파악하고 제작하면 더 좋은 선물이 될 수 있습니다.

화분의 경우는 앞서 언급한 축하 행사들 외에도 승진, 개업 등 공적인 이벤트의 선물로 많이 활용되니 너무 가볍지 않고 오래 두고 볼 수 있는 식물이나 난을 주로 선택하는 것이 좋습니다. 가장 흔하게 선택하는 것이 동양난이나 대형 호접 화분인데 좀 더 세련되고 고급스러운 느낌의 난 화분을 원한다면 고전적인 스타일의 화기에서 탈피해 모던하고 심플한 현대적인 형태의 화기에 화이트 컬러의 시원스러운 큰 호접 2~3대와 독특한 느낌의 다육 식물을 함께 심어주는 방법도 추천합니다. 그러면 더욱 고급스럽고 트렌디한 디자인의 난 화분이 될 수 있고 이러한 스타일은 연령대와 국적을 불문하고 누구나 좋아하는 귀한 선물로 여겨집니다. 보통 난 화분은 가격대가 높아 선물하기 부담스러울 수 있는데 이럴 때는 꽃 도매 상가에서 마음에 드는 화기를 구매한 후 난을 판매하는 매장을 찾아가는 방법이 있습니다. 난을 구매하면 몇 천원의 재료비를 받고 그 자리에서 가져온 화기에 골라놓은 난을 심어주기도 하니 이러한 방법을 활용해 보면 시중에서 판매되는 난 화분 가격의 약 60~70% 미만으로 고급 난 화분을 준비할 수 있습니다.

마지막으로 잊지 말아야 할 것은 난이나 식물 화분의 경우 보관 방법이나 키우는 방법들이 종류에 따라 다르므로 선물을 전달할 때 식물의 이름과 함께 키우는 방법과 보관 조건 등을 기재해서 전달하는 것이 반드시 필요합니다. 값진 선물은 준비하는 사람에게도 가치가 있지만 받는 사람도 그 가치를 알고 소중히 여기게 되어야 하기 때문입니다. 그런 의미에서 식물의 기본 정보를 식물과 함께 전달한다면 받는 사람도 그것을 소중히 생각하고 잘 돌볼 수 있을 것이고 주고 받는 선물의 의미가 더욱 깊어질 것입니다.

파티 멘토에게 묻다

아버지와 어머니 파티별로 테마가 조금 달라질 것도 같은데, 신경 써서 준비해야 하는 체크 사항들을 몇 가지만 정리해 주세요.

무조건 그날은 파티의 주인공, 어른들의 어깨를 으쓱하게 만드는 것이 최우선의 임무!

우선 어머니들을 위한 생신 파티는 무조건 음식의 맛과 모양, 또 장소의 분위기를 중요하게 생각하고 계획을 세워야 합니다. 그러나 요리 솜씨가 없다고 실망하지는 마세요. 우리 주변에는 근사한 음식과 분위기를 함께 제공하는 프라이빗한 레스토랑이 즐비합니다. 무엇보다 파티 당일 장소를 이용하고 서비스를 받는데 있어 어른들이 불편함이 있지는 않은지 세심하게 체크하고 필요한 것을 요구하는 것이 좋습니다. 아버지들을 위한 파티 역시 중요한 것이 물론 맛 좋은 음식이기도 하지만 술을 즐기시는 분들이라면 그날만을 위한 특별한 술을 준비하는 것도 좋은 아이디어입니다. 아버지와 지인들의 성향을 미리 파악하여 흔히 접할 수 없는 약주들을 찾아보고 예산이 가능한 선에서 준비하여 어울리는 음식과 안주와 함께 대접한다면 그날의 장소에 대한 분위기는 저절로 좋은 평가가 내려질 것입니다. 음식에 있어서도 한가지 정도는 보양 음식을 준비하는 센스를 잊지 마세요. 특히 어른들을 위한 파티는 초대한 손님들을 위한 답례품을 잊지 말아야 합니다.

런더너

런던 사람을 뜻하는 말로,
합리적이면서도 시크한 그들만의 매력에 전 세계인들은 열광한다.

PART 3

런더너처럼
합리적이고 감성 충만한 파티

100
W
H

Jenny's
1st Birthday Party

100
Ui Rin
Ui Rin
Ui Rin
Ui Rin

JASON's
1ST BIRTHDAY
TABLE
NO 2
James' 1st Birth

ESPECIALLY
FOR YOU

Thank You

영국의 시인 새뮤얼 존슨은 이렇게 말했습니다.
"런던에 지쳤다면 삶에 지친 것이다. 그곳엔 삶이
줄 수 있는 모든 게 있으므로."
런던이란 도시는 바로 그런 곳입니다. 모든 것이
가능한 도시, 평생을 파묻혀 있어도 부족할 것이
없는 도시. 파티만큼 런더너의 감성과 어울리는 단
어도 없을 겁니다. 런더너의 합리적인 사고와 멋스
러움을 가득 담은 3가지 파티를 소개합니다.

Are you ready?

BABY SHOWER

/

100's PARTY & 1'st PARTY

/

KIDS PARTY

Baby Shower
초대받고 싶은 파티
베이비 샤워

베이비 샤워의 의미를 생각하면 이보다 더 행복하고 현명한 파티가 또 있을까 싶습니다. 사실 대부분의 사람들은 베이비 샤워 또는 브라이덜 샤워에서의 '샤워'의 의미가 선물이 소나기처럼 쏟아진다는 의미로 잘못 알고 있죠. 여기서의 샤워는 베이비 샤워라는 파티를 미국 상류층에 유행시킨 '프란츠 샤우어'라는 독일 비즈니스맨의 이름에서 유래되었다고 합니다.

베이비 샤워의 원래 목적은 출산과 육아를 앞둔 산모와 참석자들이 엄마가 되기 전 아이를 낳고 기르는데 필요한 지혜와 지식을 나누는 자리를 갖는 것이라 할 수 있겠습니다.

그렇다면 이 파티, 주최자는 누구일까요? 출산을 앞둔 주인공 본인일까요? 만약 출산을 앞둔 산모가 이런 파티를 한다고 지인들에게 말한다면 유별을 떤다고 할지도 모르죠. 다행스럽게도 이 파티는 예비 엄마들의 가까운 친구나 지인들이 열어줘야 합니다. 사실 이 파티, 어떻게 생각하면 대놓고 선물을 받기 위해 여는 파티일 수도 있기 때문입니다.

인생 최고의 축복을 함께 나눠 보자

예비 엄마를 위해 파티를 열어주고자 마음 먹었다면 주최자가 주인공의 친한 지인들에게 초대장을 보내어 파티를 알리고 참석을 권합니다. 초대장이 부담스럽다면 전화나 문자로도 초대는 가능합니다. 이제 초대장을 발송하였다면 참석 여부를 확인하고 참석자를 확정합니다. 구두로 초대했을 때에도 마찬가지로 참석자를 파악해 두어야 합니다.

또한 파티를 주최하는 주최자는 산모에게 필요한 육아용품 리스트를 정리하여 참석하기로 한 지인들과 의논하여 각자 준비할 선물을 정합니다. 물론 주최자는 주인공 산모와 파티에 초대된 지인들이 함께 할 여러 가지 프로그램도 준비해야 합니다.

예를 들자면 출산을 앞둔 예비 엄마를 위해 정성껏 쓴 편지를 읽는 시간이나, 커다란 보드를 준비해 태어날 아기에게 덕담을 쓰는 시간을 갖는다거나, 출산에 관한 정보를 알려줄 수 있는 퀴즈를 낸다던가, 혹은 참석자들에게 전달할 답례품을 미리 간단히 준비하여 게임을 통해 나누어 주는 식의 파티를 유쾌하게 보낼 수 있는 이벤트를 짜는 거죠. 물론 출산과 육아에 필요한 선물들을 주인공에게 전달하는 시간이 베이비 샤워의 가장 중요한 이벤트라는 것을 잊으면 안 됩니다.

아인슈타인의 말에 따른다면 이 파티는 후자들을 위한 파티입니다

이 파티, 절대 주변 사람들에게 부담을 주거나 과시를 하고자 여는 파티가 아닙니다. 출산을 앞둔 산모를 응원하고 육아 지식을 나누는 귀한 자리입니다. 그렇기에 주변 지인들이 부담을 갖고 파티를 대할 필요는 절대 없습니다. 또한 베이비 샤워는 식사를 하면서 즐기는 볼륨감 있는 파티가 절대 아닙니다. 파티 주인공의 집이나 혹은 익숙한 장소에서 간단한 핑거 푸드와 음료, 또는 케이크 등을 먹으며 출산을 축복해 주고 일상의 소소한 이야기를 나누는 소박하고 정감 넘치는 작은 파티입니다. 참석 인원도 10명 이내가 적당하고, 적어도 20명을 넘지 않는 선에서 주최하는 것이 바람직합니다. 임신 7~8개월의 주인공이 많은 인원의 참석자들을 신경 쓰는 것이 무리가 될 수도 있기 때문입니다.

최근까지는 베이비 샤워를 지극히 개인적인 여자들만의 파티로 여겨 왔으나 해외에서는 남편과 함께 파티를 열기도 하고 예비 아빠를 위한 남자들만의 베이비 샤워도 열린다고 합니다. 아기의 출산은 엄마의 몫이지만 육아는 부부의 몫이라는 인식의 변화겠지요. 개인적으로도 참 부러운 대목입니다.

베이비 샤워는 이처럼 주인공의 출산을 축하하고, 출산에 대한 막연한 두려움과 부담감을 덜어주며, 출산 후에 따르는 경제적인 부담을 줄여주자는 의미 있고 합리적인 파티입니다.

베이비 샤워에 어울리는 파티 소품으로는 아기의 탄생을 미리 축하하는 의미임을 기억해 사랑스러운 파스텔 컬러의 패브릭을 사용하는 것이 좋고, 공간이 약간 어둡다면 작은 티라이트 캔들이나 알록달록한 색감의 아로마 캔들을 이용해 따뜻하고 편안한 느낌을 주는 것도 좋습니다. 또한 러블리한 느낌의 가랜드와 핑크색 헬륨 풍선을 천정에 띄워 주는 것도 파티 분위기를 한층 북돋을 수 아이템입니다. 가랜드는 삼각형이나 사각형의 기존 깃발 모양의 장식도 좋지만 작은 진저맨 쿠키와 같은 아이 실루엣이나 배냇저고리, 젖병, 케이크 등의 실루엣을 컬러별로 준비해 매달아 주면 더욱더 베이비 샤워 파티 느낌을 잘 살릴 수 있습니다.

또한 플라워 센터피스를 주문한다거다 직접 제작한다면 어울리는 꽃으로는 사랑스러운 느낌의 라넌큘러스, 파스텔톤의 장미, 향이 좋은 유칼립투스 등이 어울리고 산모를 배려해서 알레르기를 일으킬 수 있는 강한 향의 식물은 배제하도록 합니다.

마지막으로 친구들이 준비해 주면 좋은 베이비 샤워 선물로는 일회용 기저귀로 만든 기저귀 케이크, 아기 출산시 바로 사용할 수 있는 배냇저고리, 속싸개, 겉싸개용 작은 담요, 유아용 모자나 신발, 디지털 체온계, 내의 세트, 아기띠, 세련된 디자인의 기저귀 가방 등이 적당합니다. 기저귀 케이크는 파티 당일 서프라이즈로 준비해 파티 케이크로 활용할 수 있는데 만드는 방법이 어렵지 않고 약간의 장식으로 정성을 표현할 수 있으므로 좋은 파티 선물이 될 수 있습니다.

베이비 샤워 속 사랑스러운 스타일링

파티에는 그에 걸맞은 미션이 있습니다.
베이비 샤워의 미션은 예비 엄마와 아빠를 따스하게 격려하고자 하는 것입니다.
너무 화려하지 않되, 잔잔하고 편안한 분위기를 최대한 이끌어
미션을 완수할 수 있는 완소 아이템을 소개할까 합니다.

1

2

3

4

5

1 베이비 샤워에서 절대 빠지면 안
  되는 아이템, 기저귀 케이크.
2 깃털을 이용해 작은 둥지를 만들
  어 스테이셔너리와 함께 세팅.
3 새를 모티브로한 답례품용 패키
  지, 쿠키나 캔디 등을 담기에 좋
  아요.
4 사랑스러운 핑크 장미를 이용한
  토피어리 플라워 센터피스입니다.
5 카네이션을 이용한 토피어리 플라
  워 센터피스.

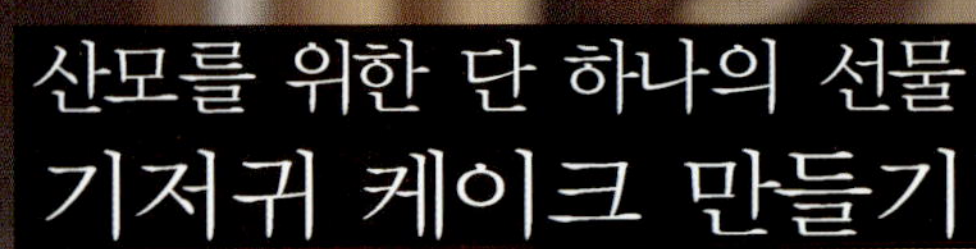

산모를 위한 단 하나의 선물
기저귀 케이크 만들기
가장 중요한 출산용품 1호 기저귀로 앙증맞고 사랑스러운 케이크를 만들어 선물해 보세요.

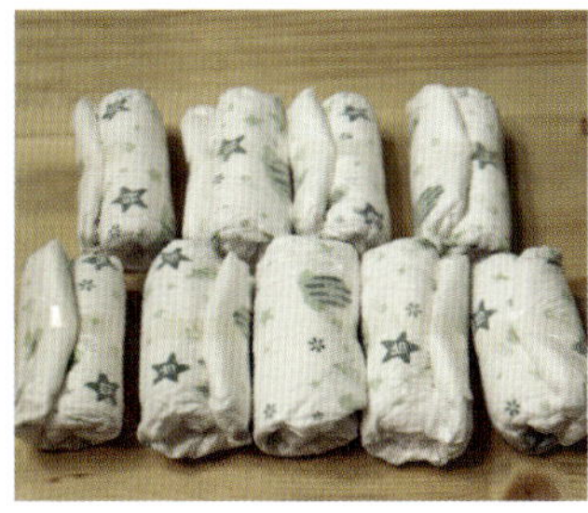

1 2/3 4

준비 재료
케이크 받침, 기저귀, 색색의 리본, 글루건, 아기 선물, 조화 약간

만들기 ━━━━━

1 자신이 원하는 크기와 모양으로 케이크 받침을 만들어 주세요.

2 준비한 기저귀를 돌돌 말아 원통의 모양이 되도록 한 후 투명 테이프나 리본으로 고정합니다.

3 원통 모양으로 말아 풀리지 않게 고정한 기저귀를 충분한 개수로 준비합니다.

4 원통형의 기저귀 여러 개를 합쳐 케이크 모양으로 만들어 주세요. 한번에 묶기 힘들면 작은 케이크 모양을 만들어 리본으로 묶어 고정한 후 둘레에 기저귀를 붙여가며 점차 크기를 키워 고정합니다.

5 케이크 모양의 기저귀를 케이크 받침에 글루건을 이용해 살짝 고정합니다.

6 기저귀 케이크 위쪽을 준비한 조화 또는 아기 신발이나 양말, 손수건 등으로 장식합니다. 이때 조화는 글루건으로 신발 또는 양말 손수건 등은 핀으로 고정합니다.

7 리본 위에 작고 귀여운 메시지 카드를 붙여주면 완성!

응원해 주고 싶은 파티 1

백일파티

'100'이라는 숫자는 언제나 우리에게 특별함을 줍니다. 엄마가 된 지, 아이와 만난 지 100일, 세상의 그 어떤 100일도 이보다 더 귀한 의미의 날은 없을 겁니다. 특히 아기와 엄마에겐 매순간 눈물이 날만큼 행복하고 새롭고 낯설고 겁나고 고된 하루하루가 모여 백일이 되었을 겁니다.

사실 100일부터 비로서 진정한 엄마로 거듭나고, 엄마로서의 자격을 제대로 갖추게 되는 시기가 아닐까 합니다.

과거에는 아기가 태어나 건강하게 자라는 일이 지금처럼 당연하지 않았기에 백일은 정말 특별한 이벤트였습니다. 그런 의미에서 백일날 아침 일찍 아기의 엄마와 할머니는 삼신 할머니에게 드리는 삼신상을 차리고 아기의 건강과 복을 빌었다고 합니다. 삼신할머니 상에 오르는 흰쌀 밥과 미역국을 엄마가 먹고 난 후 아기의 정식 백일 상을 차렸습니다. 백일상의 음식으로는 흰쌀 밥, 미역국, 아기의 순수함을 상징하는 백설기, 귀신을 막아준 다는 수수경단을 반드시 올렸고 그 외에 오색송편, 인절미 등 각종 떡을 올렸다고 합니다. 현재에도 이러한 풍습은 변하지 않고 집집마다 지켜지고 있지만 최근 들어 돌잔치는 간소 하게 가족 중심의 소규모 파티로 변화되고 있습니다. 외식업체를 통한 백일 상차림의 경 우 가족들간 사전 협의를 통하여 미리 준비한 떡과 케이크를 백일 당일에 준비해 가족들 과 함께 먹을 수 있도록 하고, 전통적인 방식으로 집에서 진행을 한다면 집에서 사용하는 교자상에 깨끗한 테이블보를 깔고 준비한 음식과 떡, 과일을 올려 상차림을 완성하면 됩 니다. 거기에 센스 있게 귀엽고 사랑스런 간단한 플라워 장식을 겸하면 감각 있는 엄마표 백일상 차림이 됩니다. 백일 상차림 뒤쪽 벽으로 예쁜 패브릭이나 가랜드를 걸어 장식한 다면 아이와 엄마 아빠가 맞는 첫 번째 파티가 더욱 아기자기하고 사랑스러운 파티가 될 수 있을 겁니다.

백일파티와 돌파티에 활용하면 좋은
미니 슈가 케이크 만들기

슈가 페이스트

준비 재료

슈가파우더 500g, 물 35g, 젤라틴 12g, 물엿 80g, 쇼트닝 약간, 레몬즙 약간, 달걀 흰자 1개

만들기

1 물에 불린 젤라틴을 중탕해서 녹여 주세요.

2 물엿에 ①의 재료를 넣고 같이 중탕합니다. 이때 쇼트닝도 추가해서 같이 녹입니다.

3 ②의 모든 재료가 따끈해지게 잘 녹으면 슈가파우더와 레몬즙을 분량대로 잘 섞어줍니다.

4 ③에 준비한 달걀 흰자를 넣어 다시 한번 잘 섞어줍니다. 이때 반죽의 농도가 소프트 아이스크림과 같이 약간 질게 느껴지더라도 12시간 숙성 후엔 약간 되지므로 너무 되지 않게 만들어 줍니다.

5 ④를 비닐팩에 싼 후 밀폐용기에 넣어 12시간 후 사용합니다.

TIP

슈가 페이스트를 만든 후 공기가 통하지 않도록 랩으로 잘 싸서 냉장이나 냉동 보관하면 오랫동안 사용할 수 있습니다.

로얄 아이싱

준비 재료

슈가파우더 200g, 달걀 흰자 60g, 미니 짤주머니, 색소 적당량

만들기

1 믹싱 볼에 슈가파우더를 체를 쳐 넣고 흰자를 넣어 덩어리가 없도록 잘 섞어줍니다.

2 ①에 원하는 색소를 조금씩 넣으면서 색 조절을 합니다. 이때 아이싱의 농도는 흰자로 조정합니다.

3 미니 짤주머니에 ②의 로얄 아이싱을 담아 준비합니다.

TIP

로얄 아이싱의 적정한 농도는 스푼으로 떠서 흘러내리지 않는 정도가 되어야 합니다. 아이싱이 너무 되면 슈가파우더의 입자가 굳어 잘 짜지지 않습니다. 그러므로 짤주머니의 뾰족한 끝을 1~2mm 정도 반듯하게 잘라 선을 그려 테스트합니다. 이때 그린 선이 변형되지 않고 그대로 있어야 적정한 농도입니다. 만약 선이 퍼진다면 슈가파우더를 좀 더 섞어 다시 테스트합니다.

슈가 크래프트 시트
파운드 케이크 만들기

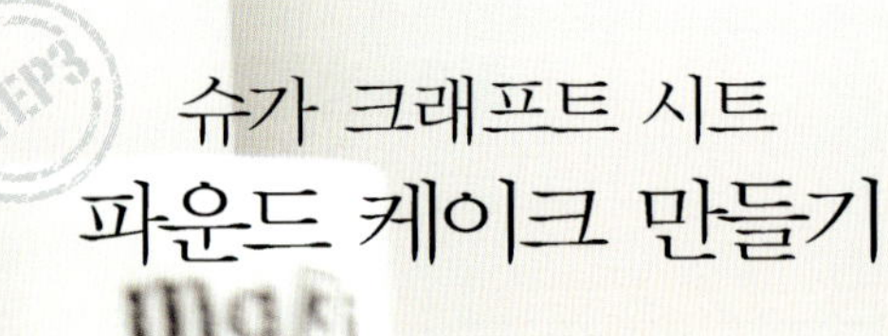

준비 재료

중력분 170g, 달걀 3개, 설탕 170g, 무염버터 170g, 소금 1/4Ts, 바닐라 엑스트렉 5g

만들기

1 냉장 보관한 달걀과 버터는 실온상태로 만들기 위해 냉장고에서 미리 꺼내 둡니다.

2 믹싱 볼에 ①의 버터를 넣고 설탕을 여러 번 나누어 넣어주면서 크림 형태가 되도록 섞어줍니다. 이때 소금을 넣습니다.

3 ②가 실온에서 크림 상태가 되면 ①의 달걀을 넣어 혼합하여 부드러운 크림 상태가 되도록 만들어 줍 니다.

4 ③에 바닐라 엑스트렉을 넣고 섞어줍니다.

5 체에 친 중력분을 ④의 믹싱 볼을 넣고 11자로 그어가면서 골고루 섞어줍니다.

6 유산지를 깐 빵틀에 반죽을 조심스럽게 골고루 부어 줍니다.

7 170도에서 20분 정도 예열된 오븐에서 ⑥을 45~50분간 구워줍니다.

미니 슈가 케이크 완성하기

만들기 ▬▬▬▬▬▬

1 슈가 페이스트 반죽에 원하는 색소를 섞어 반죽하여 슈가 페이스트를 컬러링합니다. 컬러링 과정에서
   색소는 이쑤시개와 같이 적은 양을 덜어낼 수 있는 도구를 이용하여 조금씩 섞어가면서 색을 조절합
   니다. 슈가 페이스트는 공기로 인해 단단해지는 성질이 있으므로 반드시 모든 작업은 신속히 하고 반
   죽을 쓰지 않을 때에는 꼭 랩핑하거나 비닐 안에 넣어 두어야 합니다.
2 컬러링 작업이 끝나면 미리 구워놓은 시트(99페이지 참고, 파운드 케이크)의 윗부분을 평평하게 다듬
   어 줍니다.
3 시트 전체에 과일 잼이나 시럽(또는 생크림)을 얇게 펴 발라줍니다.
4 ①의 슈가 페이스트 중 원하는 색상의 슈가 페이스트를 5mm 두께로 길게 밀어 ③의 시트 둘레와 높
   이에 맞게 자릅니다.
5 ④의 자른 페이스트를 ③의 시트 둘레에 잘 맞춰 붙입니다.
6 ⑤와 동일한 색상의 페이스트를 5mm 두께로 밀어 시트 상단의 지름과 같은 사이즈로 잘라 시트 위에
   덮어 붙여주고 시트 위쪽 가운데를 볼록하게 산 모양으로 페이스트 덩어리를 만들어 붙여 줍니다.
7 원하는 색상의 페이스트를 5mm 두께로 밀어 플라워 커터로 잘라 줍니다. 잘라 낸 플라워 모양의 가
   운데에 동그랗고 납작한 작은 페이스트를 달걀 흰자를 이용에 붙여 플라워 모양을 완성합니다. 플라워
   는 여러 가지 다양한 사이즈로 만들어 둡니다.
8 완성한 플라워는 O자 형태의 링(슈가 페이스트로 O링을 만들어 사용해도 무관함)에 얹어 플라워 모양
   을 잡아 굳게 놓아둡니다. 미리 만들어 둔 로얄 아이싱으로 페이스트의 이음새를 중심으로 아이싱 작
   업을 합니다. 로얄 아이싱으로 시트의 전체적인 마감과 장식을 마무리합니다.
9 적당히 굳은 플라워를 ⑥의 시트 위에 산 모양의 부분이 잘 가려지도록 로얄 아이싱을 이용해 예쁘게
   붙여 줍니다. 슈가 페이스트는 약 3일 정도가 지나면 단단히 굳어지므로 보관용 모형 케이크가 아니라
   면 필요로 한 날의 하루 전이나 당일에 제작하고, 제작 후 2~3일 안에 먹는 것이 좋습니다.

응원해 주고 싶은 파티2
돌파티

본래 돌잔치의 돌이란 아기가 태어나 12개월을 돌아 1년이 되었다는 의미에서 부쳐진 말로 아이의 앞날에 건강과 행복을 빌어주는 전통의 가족 행사입니다. 돌상에 오르는 대표적인 음식으로는 백설기와 수수팥떡이 있는데 백설기는 희고 깨끗하여 신성하다는 의미로, 수수팥떡은 팥고물을 묻힌 수수경단의 붉은색이 액(厄)을 물리친다는 토속적인 의미로 돌상에 올립니다. 그 외에도 돌상에는 경단 · 대추 · 과일 · 쌀 · 국수를 함께 올리고, 아이의 장수와 미래의 행복을 기원하는 의미로 책 · 붓 · 먹 · 벼루 · 무명실 · 활(여아는 자 또는 실패) 등을 올려 아이로부터 그것들 중 한 가지를 잡게 하는 돌잡이를 하게 되죠. 아이가 그 중 하나를 잡으면 각각의 의미를 부여하여 미래의 직업을 점치고 잔치에 모인 사람들이 아이의 행복과 무병장수를 기원해 줍니다.

젊은 부부들 사이에서 돌잔치의 형태가 달라지고는 있지만 요즘도 여전히 앞에 소개한 돌의 전통적 의미를 가진 음식이나 돌잡이는 빠지지 않습니다. 변화된 것이 있다면 예전엔 집에서 가족들과 준비하던 돌잔치를 요즘에는 특화된 전문업체에 의뢰를 해서 각종 서비스를 받고 있다는 점이겠지요.

HOST 첫 돌을 맞은 부모

GUEST 가족, 친인척, 친구, 직장 동료 etc

엄마표 돌파티 D-100 계획표

D-DAY	준비사항	체크사항
D-100	1. 돌파티 준비를 위한 스케줄표 작성	
D-98	2. 하객 초대 인원 결정	
D-97	3. 예산 책정 - 하객 식사비용 및 장소 대여비용, 초대장 제작비용, 돌상과 입구 테이블 세팅에 필요한 돌케이크, 음식 및 스타일링 비용, 가족 의상 및 헤어, 메이크업 준비 비용, 답례품 구매 비용 등	
D-95	4. 돌파티 장소 답사 및 예약	
D-60	5. 돌파티 스타일링 및 컬러 콘셉트 결정	
D-50	6. 전체 콘셉트에 어울리는 초대장 제작	
D-40	7. 콘셉트에 어울리는 가족 의상 준비와 답례품, 돌케이크 주문	
D-30	8. 돌상에 필요한 원단, 소품, 플라워 디자인 결정, 돌파티 초대장 발송	
D-28	9. 스타일링에 필요한 구매 목록 작성	
D-20	10. 목록별 소품 구매처 사전 답사 후 소품 및 그 밖의 준비물 구매하기	
D-15	11. 돌파티 현장 상황 체크 - 입실 시간, 세팅 시간, 행사 진행 시간, 철수 시간, 소품 출입 가능한 동선 확인	
D-13	12. 가족이나 지인들 중 스타일링을 도와줄 스태프 결정 / 돌 스냅 촬영 업체에 액자 및 앨범 요청	
D-10	13. 파티 당일 타임별 스케줄과 스타일링 순서 체크 사항 작성	
D-7	14. 테이블 웨어, 입구 테이블 장식용 아기 액자 등 사전 작업이 필요한 항목 미리 준비, 돌 스냅 촬영 업체로부터 액자 및 앨범 수령	
D-1	15. 플라워 센터피스 제작	
D-0	16. 당일 돌상, 입구 장식용 테이블, 하객 테이블 스타일링, 돌파티 종료 후 스타일링 소품 및 플라워 철수	

※준비 과정을 요약한 표입니다. 개인의 사정과 예산에 따라 달라질 수 있으니 참고하는 자료로만 활용하세요.

엄마들이 돌잔치에서 포기하지 않는 부분은 그날의 분위기를 결정하는 돌파티 스타일링입니다. 특히 요즘은 엄마들이 스스로 준비하여 파티를 열어주는 경우가 적지 않습니다. 하지만 무턱대고 혼자서 도전했다가는 소중한 아이의 첫 생일이 암담한 경험으로 기억될 수도 있다는 점을 알아야 합니다.

그럼 이제부터 '내 아이를 위한 엄마의 선물, 하나뿐인 엄마표 돌파티' 스타일링을 어떻게 준비하면 될지 하나하나 짚어가며 알아보도록 하겠습니다.

우선 준비의 우선순위를 정해야 합니다. 앞의 표(103페이지)는 엄마표 돌파티를 위한 100일간의 준비 과정을 요약한 표입니다. 무슨 돌파티를 100일 전부터 준비하느냐고 생각할 수도 있겠으나, 자신이 원하는 장소에서 자신이 원하는 예산으로 돌파티를 진행하기 위해서는 발 빠르게 준비해야 합니다.

장소를 알아보는 팁으로는 무조건 호텔 소규모 연회장이나 고급 뷔페를 알아보기보다 최근에 생겨 음식의 맛과 서비스에 많은 신경을 기울이는 최신 인테리어의 레스토랑을 공략하는 것도 좋은 방법입니다. 돌파티에서 가장 중요한 예산 책정 리스트도 최대한 자세히 작성하는 것이 중요합니다.

따라하기 쉬운 엄마표 돌파티 스타일링 이렇게~!

1. 돌파티 첫 과제, 초대장 제작부터 생각하자

돌파티의 시작이라 생각해야 하는 초대장 제작은 파티 주최자가 구상하는 파티의 분위기를 최대한 담아내야 합니다.

2. 파티 스타일링, 최대한 구체적으로 준비하라

초대장이 완성되면 돌파티 준비의 큰 과제인 실제 파티 당일을 어떻게 꾸밀 것인가를 아주 세부적으로 고민하고 준비해야 합니다. 엄마표 돌파티의 가장 큰 장점은 자신의 아기에게 가장 잘 어울리는 이미지와 컬러, 아기의 캐릭터 등 아기에 대한 모든 정보를 엄마가 꿰고 있기 때문에 아기에 대한 정보들을 효과적으로 파티에 표현해 내기만 한다면 이보다 더 훌륭한 파티 스타일링은 없다는 점입니다. 그러나 문제는 엄마들이 전문가가 아니므로 어떻게 파티에 자신의 아이디어를 녹여낼 것인가를 구체적으로 계획하는 것이 중요합니다. 제가 추천할 수 있는 방법으로 자신의 아이디어를 대변할 수 있는 이미지들을 찾는 작업을 권하고 싶습니다. 자료 수집이 가장 기본이 될 수 있으므로 꼭 돌파티 100일 전이 아니더라도 틈틈이 마음에 드는 예쁜 이미지들을 모아 두는 것이 좋습니다.

예를 들어 마음에 드는 케이크, 의상, 다른 아기들의 돌파티 사진, 마음에 드는 인테리어 사진, 플라워 사진 등 본인의 생각을 구체화시킬 수 있는 자료를 만들어 두는 것입니다. 그러나 아무리 참신한 스타일링이라 할지라도 모아놓으면 기존의 느낌과는 다를 수 있으니 최대한 핵심적인 부분만을 남겨 단순화 시키고 나머지를 과감히 버리는 일도 중요합니다.

3. 반드시 시장 조사를 하자

돌파티 스타일링에 대한 구상을 마쳤다면 바로 시장 조사를 해야 합니다. 원하는 소품, 패브릭, 플라워 등 스타일링에 필요한 모든 부분을 어디서 구매하고 준비해야 하는지를 사전 조사하는 단계입니다. 생화나 파티 소품의 경우 강남 반포 터미널에 위치한 꽃상가와 양재동 화훼 공판장이 가장 규모가 큽니다. 특히 반포 터미널 꽃상가는 조화와 소품 상가가 많아 파티에 유용한 아기자기한 소품들을 만나볼 수 있습니다.

패브릭(원단)의 경우는 동대문 종합시장을 찾는 것이 가장 많은 원단을 한자리에서 볼 수 있습니다. 또한 원단 이외에도 여러 가지 다양한 부자재들을 취급하고 있어 리본이나 코사지 등 파티 스타일링에 응용하면 좋을 만한 소재들을 구할 수 있습니다. 참고로 동대문 종합시장을 간다면 짬을 내어 5층 부자재 시장을 꼭 들러보시길 권합니다. 아이에게 필요한 헤어밴드, 나비 넥타이 등 아이들의 스타일링에 필요한 액세서리들을 도매 가격으로 구매할 수 있어 일석이조의 진짜 보물창고를 만난 기분일 겁니다.

4. 본격적인 구매도 합리적으로 하자

이렇게 어디에 무엇이 있는지 시장 조사가 끝나면 구매할 리스트를 정리하여 실제 구매를 합니다. 전문 플래너들이야 소품이나 부자재 원단 등을 한번 구매하면 다른 파티에 반복해서 활용이 가능하나 자신의 아기 돌파티 한번을 위해 너무 많은 예산을 구매에 소진해 버린다는 것은 어찌보면 합리적이지 않을 수 있습니다. 그러므로 구매에 나서기 전에 최근 많이 생겨난 돌파티용품을 대여하는 업체들을 둘러보고 대여가 가능한 물품들은 대여를 하고, 그 외에 꼭 구매가 필요하거나 구매하여 돌파티에 활용하고 실생활에서도 사용이 가능한 물품들만 추려 구매에 나설 것을 권하고 싶습니다.

5. 파티 스타일링의 하이라이트, 플라워 센터피스 제작에 도전해 보자

마지막으로 돌파티를 꾸밀 플라워 센터피스를 제작하는 일입니다. 플라워 센터피스 제작은 크게 '조화' 라고 불리는 실크플라워와 절화 상태로 판매되는 생화로 나뉩니다.

조화의 경우 다른 소품과 마찬가지로 대여가 가능하므로 먼저 대여를 할 수 있는지에 대해 알아보고 여의치가 않다면 조화 상가에서 조화를 구매하여 바로 제작을 맡기거나, 조화 상가에 이미 완성품으로 판매되는 상품을 구매하여 소품과 함께 준비할 수 있습니다. 생화의 경우는 미리 준비한다는 것이 불가능하므로 돌파티 전날 생화 상가에서 구매하여 원하는 형태의 센터피스를 직접 만들어 시들지 않게 보관했다가 파티 당일 손상이 가지 않도록 조심해서 돌파티 장소까지 이동해야 합니다.

사실 생화의 경우는 파티플래너나 스타일리스트, 플로리스트들 모두 취급이 아주 까다롭고 어려운 아이템이므로 생화 스타일링을 시도하는 것 자체가 좀 무리일 수 있습니다. 하지만 생화의 느낌은 조화와는 확연히 차이가 나므로 좀 더 빛이 나는 엄마표 돌파티를 만들고 싶다면 욕심을 부려 도전해 볼만한 아이템입니다. 만일 생화를 전혀 다루지 못하는 경우에는 평소 알고 있던 플라워샵이나 플로리스트들에게 센터피스만을 주문 제작하여 당일 배송을 요청하는 것도 하나의 방법입니다. 플라워 센터피스를 주문할 때는 반드시 참고 이미지를 함께 전달하는 것을 잊지 말아야 합니다.

6. 파티를 도와 줄 정예 멤버를 꾸려라

이제까지 오랫동안 준비해 온 엄마표 돌파티를 멋지게 완성하는 가장 중요한 미션이 남아 있습니다. 파티 당일 스케줄을 체크하고, 스타일링을 체크해 줄 몇 명의 정예부대를 꾸리는 일은 엄마표 돌파티 프로젝트에 빠져서는 안 되는 아주 중요한 부분입니다.

제 아이들도 올해 9살, 7살이 됐습니다. 그럼에도 돌파티를 준비하고, 열었던 생각을 하면 아직도 입가에 미소가 지어지네요. 엄마의 기억 속에 훈훈한 광경들은 분명 아이에게도 좋은 추억으로, 기억 어딘가에 남아 있을 거라 믿습니다. 아빠와 엄마, 아이와 부모, 아이와 할아버지, 할머니. 모든 가족들이 한 아이를 통해 행복할 수 있는 시간, 돌파티! 단 하루의 특별한 시간을 위해 엄마 스스로 돌파티를 준비하는 것은 아이에게 줄 수 있는 인생 최대의 선물이라 생각합니다.

아이들과 어른들이 모두 즐길 수 있는 돌파티의 노하우를 알려 주세요.
최근엔 소규모 돌파티가 많다 보니 돌파티에 진행을 도와주는 진행자 없이 가족들과 보내는 경우가 많습니다. 그러나 저는 너무 시끄럽거나 오버하지 않는 수준에서 파티를 진행해 줄 재기 발랄한 진행자를 섭외하는 것도 좋은 방법이라 생각됩니다. 할머니, 할아버지의 편지, 여러 가지 게임과 프로그램을 진행하며 아이와 하객들에게 좋은 추억거리를 선물할 수 있으리라 생각됩니다.

첫 돌을 맞은 아이를 위한 더 특별한 파티 소품

내 아이를 위한 특별한 만찬,
돌파티를 더 특별하게 만들어 줄 파티 소품들을 소개합니다.

1 플라워 센터피스와 스테이셔너리 세팅.
2 돌파티 스타일링과 같은 느낌의 초 대장 이미지.
3 러블리한 돌파티 하객 테이블 세팅.
4 로맨틱한 돌단상 플라워 센터피스.
5 전통 느낌의 돌파티 답례품 패키지.

정원 속 더 특별한 돌파티

1st Birthday
1st

전통을 그대로 재현한 돌파티

STEP1 쉽게 만드는 슈가 컵케이크

슈가 컵케이크 시트 만들기(13개 분량)

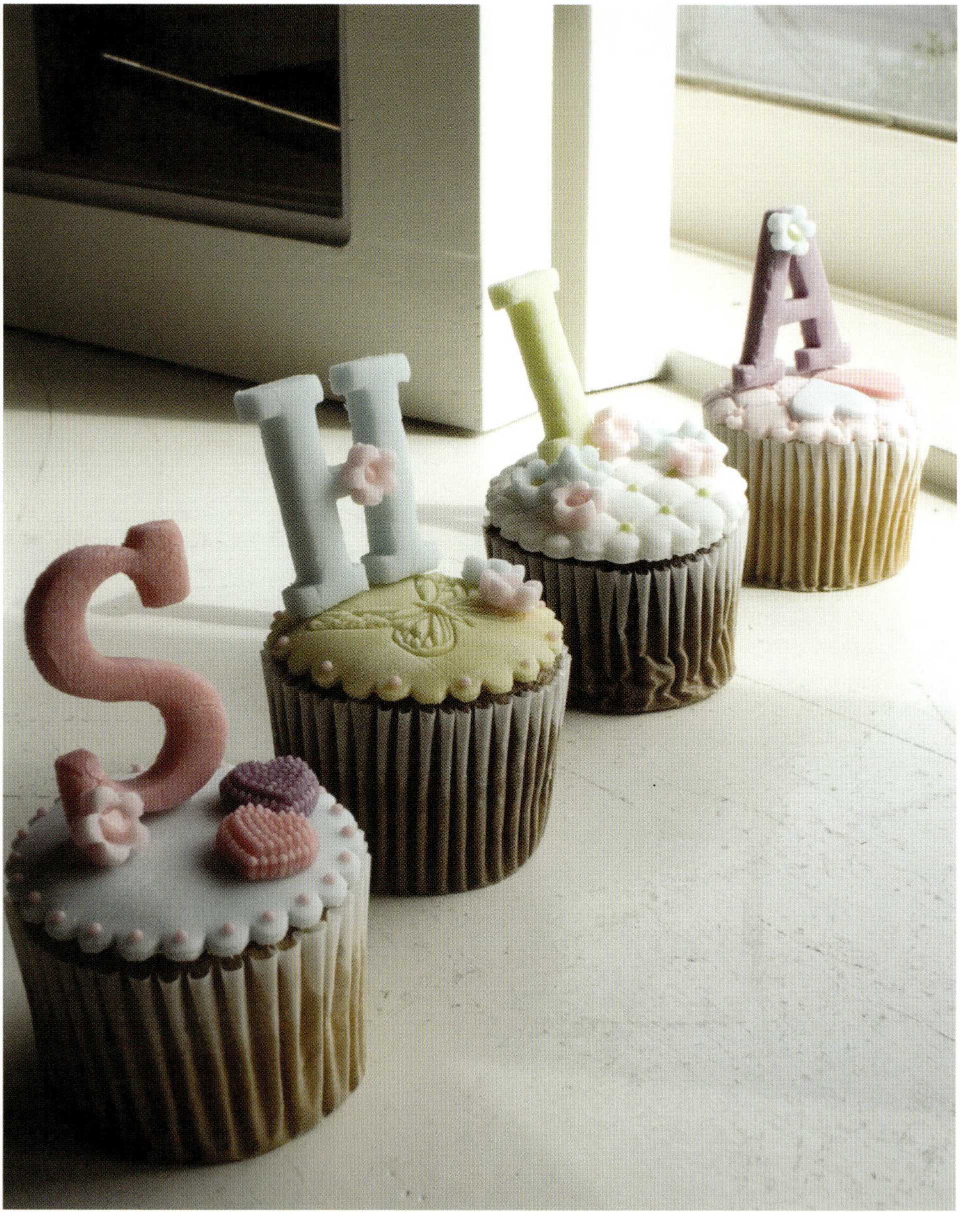

버터 60g, 우유 55g, 달걀 5개, 설탕 140g, 박력분 200g, 베이킹파우더 5g, 소금 약간, 레몬즙 5g, 바닐라 오일 약간

만들기

1 박력분, 베이킹파우더, 소금을 체에 두 번 쳐 볼에 준비합니다.
2 또 다른 볼에 달걀을 넣고 설탕을 3~4회에 나누어 넣어 휘핑합니다.
3 ②의 볼에 ①을 넣어 거품이 꺼지지 않도록 주걱으로 가볍게 섞어 줍니다.
4 버터와 우유를 중탕 또는 전자레인지에 넣어 녹여 레몬즙과 오일을 넣고 섞어 줍니다.
5 ③에 ④의 버터를 1/3정도 넣어 잘 섞다가 나머지 버터를 넣어 가볍게 섞습니다.
6 머핀 팬에 유산지를 깔고 ⑤의 반죽을 70% 정도 넣은 후 가볍게 바닥에 쳐 공기를 뺍니다.
7 170도로 예열한 오븐에서 ⑥을 20~25분 정도 구워줍니다.

슈가 리본 컵케이크 만들기

4   5   6

준비 재료

슈가 페이스트(97페이지 참고), 슈가 크래프트용 색소 적당량, 과일 잼(시럽) 적당량, 밀대, 둥근 모양의 쿠키커터, 작은 나이프(미니 스패튤라), 자, 가위, 달걀 흰자(물) 1개, 작은 붓, 이쑤시개

만들기

1. 슈가 페이스트에 슈가용 색소를 넣어 골고루 섞이도록 반죽합니다(컬러링 과정).
2. 원하는 색상의 슈가 페이스트를 적당량 준비합니다. 이때 컬러링 과정으로 색소는 이쑤시개와 같은 작은 양을 취해서 덜어낼 수 있는 도구를 이용하여 조금씩 섞어가면 색을 조절합니다.
3. 미리 구워놓은 컵케이크 시트 위에 나이프(미니 스패튤라)로 과일 잼을 빵 부분에만 얇게 발라 줍니다.
4. 컬러링 해놓은 페이스트를 적당량 떼어 내어 밀대로 5mm 정도 두께로 밀어 둥근 모양의 쿠키커터로 찍어 잘라 냅니다. 이때 쿠키커터의 사이즈는 컵케이크 시트를 모두 덮을 수 있을 정도의 크기로 선택합니다.
5. 잼을 발라놓은 컵케이크 시트 위에 ④의 둥근 모양의 페이스트를 한번에 덮어줍니다. 이때 주의할 점은 페이스트에 잼이 한번 묻으면 다시 떼어내어 사용이 어려우므로 한번에 잘 맞추어 덮어야 한다는 것입니다(커버링 과정).
6. 원하는 색상의 페이스트를 2~3mm두께로 밀어 리본 모양을 만들어 ⑤의 컵케이크 위를 장식합니다. 이때 얇게 민 페이스트는 자와 미니 패스튤라 또는 작은 칼 등을 이용해 잘라내고 페이스트를 접착할 때는 작은 붓으로 달걀 흰자 또는 물을 발라 접착합니다. 달걀 흰자나 물을 이용해 접착할 때에는 일정 시간이 경과해야 굳어지니 참고 하세요.

사랑스러운 파티
키즈파티

요즘 아이들이 엄마, 아빠에게 원하는 것 중 하나가 친구들을 자신의 집으로 초대해 파티를 여는 것입니다. 초등학생인 제 딸만 해도 언제 친구들을 불러서 파티를 해줄거냐고 자주 묻곤 한답니다. 자신의 가장 큰 소원 중의 하나라네요.

아이가 이렇게 말을 하면 어떻게든 해 주고 싶은 것이 부모 마음입니다. 그래서인지 요즘 키즈 파티를 전문업체에 문의를 하는 경우가 적지 않다고 합니다. 그래서 이번에 소개할 파티는 아이와 부모들이 모두 행복해지는 합리적인 수준의 파티플래닝을 알아보도록 하겠습니다.

아이와 함께 만들어 보는 키즈파티

1. 아이와 함께 초대할 친구들을 결정하고 콘셉트를 상의하기

우선 파티에 초대할 아이들의 인원수와 이름을 아이와 함께 결정해 봅니다. 초대 받지 못해 서운한 친구는 없는지 잘 살펴서 초대 인원을 정리하는 것이 첫 단계입니다. 또한 당일 아이들의 부모도 함께 초대할 것인지를 결정하도록 합니다. 부모들을 초대한다면 파티의 규모나 형식이 많이 달라지게 될 것이고, 10명이 넘는 인원을 부모와 같이 초대한다면 집에서 파티를 치르기엔 역부족일 수 있기 때문에 아이와 잘 조율해 나가는 것이 중요합니다. 아이들만을 초대한다면 메뉴 구성이나 음료, 프로그램을 아이들에게 맞춰 준비하면 됩니다.

2. 키즈파티를 위한 초대장, 아이와 함께 만들기

일단 초대 인원이 결정되었다면 아이와 함께 파티의 주제나 콘셉트를 정하여 초대장 디자인을 의논하고 만들어 보세요. 초대장을 일일이 수작업으로 만들기 어렵다면 색이 예쁜 종이를 카드 모양으로 잘라 도일리 페이퍼Dayley Paper를 얹어 리본을 붙여주고 아이의 이름을 써주면 간단하고 예쁜 초대장이 완성됩니다. 또는 아이가 그린 그림을 컬러 복사하여 카드에 붙여주는 것도 간단한 방법입니다. 엄마가 포토샵이나 일러스트로 카드 디자인이 가능하다면 아이를 위해 엄마표 초대장을 만들어 주는 것도 좋은 방법이라 하겠습니다. 최근엔 아이들이 좋아하는 캐릭터를 활용하여 한편의 만화 영화를 만들듯이 스타일링 하는 경우도 많이 있습니다. 초대장부터 이러한 콘셉트로 접근한다면 프로 파티플래너 못지 않은 파티플래닝이 가능할 것입니다.

3. 키즈파티 파티플래닝의 완성, 현수막으로 꾸미기

이제 파티 장소인 집을 어떻게 꾸미느냐가 문제일 겁니다. 제가 추천하는 방법은 파티 장소로 정한 집안 벽면에 아이들이 좋아하는 이미지, 파티 분위기를 대변하는 이미지들로 꾸민 현수막을 제작하여 붙여 주는 겁니다. 파티 데코 소품을 여기 저기 걸어주는 노력을 현수막 하나로 끝낼 수 있고 가격도 저렴해 날짜에 맞추어 여유 있게 주문만 하면 고민거리가 하나 해결됩니다. 요즘은 인터넷으로 돌파티나 백일, 생일 파티 등을 위한 현수막을 디자인해 주는 업체가 많아 원하는 디자인을 선택하여 주문할 수도 있고 원하는 콘셉트를 설명하면 맞춤 디자인을 해주는 곳도 있습니다. 또 초대장과 마찬가지로 엄마가 디자인 능력을 발휘할 수 있다면 초대장과 같은 콘셉트로 현수막을 디자인해 엄마의 솜씨를 마음껏 발휘해 아이들에게 점수를 딸 수 있는 기회이기도 합니다. 이때는 인쇄비와 배송비만 부담하면 되니 경제적이기도 하겠죠. 현수막이 준비된다면 현수막에 사용된 이미지와 색에 어울리는 데코 소품을 조금 구매하면 됩니다. 이때 소품으로는 쉽게 펼쳐 걸어 주기만 하면 되는 종이 가랜드, 헬륨 풍선, 고깔 모자 등입니다. 현수막과 함께 아이들 파티에 인기가 좋은 헬륨 풍선은 12시간 정도 공중에 떠 있을 수 있으므로 구매해서 장식을 원한다면 파티 당일 오전에 주문하는 것이 좋습니다. 가격은 개당 1,000원~1,500원 선.

4. 메뉴 선정 전 아이들의 건강 상태를 체크하기

요즘 엄마들은 아이의 먹을거리에 민감한 편이기도 하고 아토피나 알레르기가 있는 아이들이 적지 않으므로 음식 준비에 특히 신경을 써야 합니다. 그러니 초대장을 만들 때 초대한 아이들의 건강 상태를 미리 알려 줄 것을 요청하는 것도 좋은 방법이겠습니다. 아무리 번거롭더라도 초대 받은 친구들 중에 절대 먹으면 안 된다거나 알레르기를 일으키는 음식이 있는 아이가 있는지 아이를 통해서든 엄마들을 통해서든 반드시 체크를 해 봐야 합니다.

사전 체크는 요란했더라도 메뉴 구성을 고급스럽게 짤 필요는 없습니다. 아이들의 눈높이를 맞춘 메뉴 구성이 아이들에게도 좋은 메뉴일 겁니다. 키즈파티에 어울리는 메뉴로는 미니 햄버거, 채소가 들어간 샌드위치, 색이 예쁜 볶음밥, 파스타, 간장이나 데리야끼 소스로 맛을 낸 치킨 요리, 도우가 얇은 피자, 미니 핫도그, 각종 과일과 주스 종류 등입니다. 이 중 메인 메뉴는 4~5가지 정도로 준비하고 마실 음료는 2~3가지, 후식으로 미니 머핀, 쿠키, 과일 정도를 준비하면 됩니다. 아이들을 위한 파티이므로 무겁고 깨지기 쉬운 식기류는 피하는 것이 좋습니다. 투명한 컵에 볶음밥이나 파스타, 조각 과일을 담고 파티의 테마를 말해주는 귀여운 깃발이 달린 꼬치를 꽂아준다거나, 용기마다 앙증 맞은 리본을 묶어주어 귀여운 느낌을 최대한 살리는 것으로 테이블을 세팅한다면 아이들의 시선을 한눈에 끄는 요소가 될 수 있습니다. 또한 후식으로 준비하는 머핀이나 쿠키, 케이크는 직접 구워서 준비하는 것이 좋고 이때 재료는 유기농으로 사용할 것을 추천합니다.

5. 키즈파티를 위한 전문 강사 초청하기

아이들을 위한 좀 더 특별한 이벤트를 계획한다면 마술사, 벌룬 아티스트, 페이스 페인팅 아티스트, 레크레이션 강사, 버블 아티스트 등을 초청하는 방법도 있습니다. 파티는 반복되는 일상을 잠시 벗어나 행하는 행복한 일탈이고 그것은 아이들에게도 마찬가지일 것입니다. 제가 생각하는 아이들을 위한 행복한 파티의 밑그림은 신선한 아이디어에서 출발한다고 생각합니다. 음식을 어떤 그릇에 담느냐에 따라 그 가치가 달리 보이는 것처럼 아이들을 위한 파티는 엄마도 동심으로 돌아가 아이들의 마음을 읽어 주는 것이 중요하다고 생각됩니다. 그것은 반드시 큰 비용을 들여야 할 것도 아니고 힘든 노동을 의미하는 것도 아닙니다. 부모의 진심이 깃든다면 아이들은 그 어떤 성대한 파티보다 더한 감동과 추억을 만들게 될 겁니다.

파티 멘토에게 묻다

키즈파티의 규모와 경비는 어떤 기준으로 짜면 좋을까요?
우선 예산을 세울 때 초대 인원수와, 1인당 식비 예산을 얼마로 할지를 정해야 합니다. 예를 들어 초대 인원을 10명으로 하고 1인당 식비 비용을 2만 원으로 잡는다면 총액 20만 원 안에서 음식을 준비하는 것을 원칙으로 하고 메뉴를 몇 가지로 할 것인지 정합니다. 파티 데코의 경우도 항상 초대 인원을 기반으로 예산을 잡습니다. 마지막으로 파티에 참석한 아이들을 위한 답례품도 준비하는 것이 좋은데 3,000원 정도의 한도에서 필요한 문구용품을 사서 준비하는 것도 방법이겠습니다. 특별히 레크레이션 강사를 섭외한다면 15~20만 원 정도가 추가되니 참고하세요.

블링블링한 키즈파티 아이템

아이들을 위한 날을 준비한다면 동심을 읽어야 하지 않을까요?
아이들의 동심을 사로 잡을 앙증 맞은 아이템들을 소개합니다.

블링블링한 키즈파티 아이템

아이들을 위한 파티에 어울리는 캔디 컬러의 테이블 세팅

롤리팝과 라넌큘러스로 만든 센터피스. 파티가 끝난 후 답례품으로 가지고 갈 수 있도록 종이 상자를 화기로 사용하였고 들고 갈 수 있도록 종이상자에 구멍을 내어 리본을 튼튼히 달면 더욱 좋은 답례품 플라워 박스가 됩니다.

동심을 사로 잡을 귀여운 모양의 식기류와 커트러리.

인원이 많은 키즈파티의 경우 타워 형태의 컵케이크를 준비하면 후식을 별도로 준비할 필요 없이 골고루 아이들에게 나눠 줄 수 있어요. 단 생일파티의 경우엔 케이크의 상단에 미니 케이크를 얹어 케이크 컷팅이 가능하도록 하는 것을 잊지 말아야 합니다.

컵케이크를 직접 준비할 계획이라면 생일을 맞은 친구의 이니셜이나 참석한 아이들의 이니셜을 간단히 써주는 것도 아이디어.

컵케이크를 개별 포장할 때 용기 안쪽에 페이퍼 도일리를 이용해 포장해 주거나, 색이 예쁜 리본을 둘러 귀여운 스티커로 마무리 해 주면 밋밋한 투명 용기를 좀 더 예쁘게 만들어 특별한 컵케이크가 완성됩니다.

키즈파티에 어울리는 플라워 센터피스.

키즈파티를 위한 유기농 머핀 만들기

초코 바나나 머핀(4개 분량)

키즈파티에 직접 구워 준비할 수 있는 유기농 베이킹 레시피입니다.
먹는 아이도, 만드는 엄마도 즐거워지는 머핀 만들기에 도전해 보세요.
파티 전 아이와 함께 구워 보는 것도 좋습니다.

1

4

5

준비 재료

바나나 300g, 두유 120g, 카놀라유 45g, 레몬즙 1.5Ts, 설탕 60g, 계피가루 1/2ts, 초코칩 40g, 박력분 180g, 통밀가루68g, 베이킹파우더 1ts, 베이킹 소다 1/4ts, 호두 30g, 소금 약간

바나나 초코 크림 | 두부 300g, 다크초콜릿 40g, 코코아파우더 15g, 전분15g, 카놀라 10g, 두유 50g, 바닐라 에센스 1방울, 가루한천 1/2ts, 메이플시럽 30g, 바나나 2개

미리 준비하기 ────

a   바나나 초코 크림에 들어갈 두부를 끓는 물에 2~3분간 데친 후 물기를 빼줍니다.

b   머핀 팬에 머핀컵이나 유산지를 끼워 줍니다.

c   오븐은 180도로 예열해 둡니다.

d   초콜릿 두부 크림에 들어갈 다크초콜릿을 중탕합니다.

f   호두(30g)는 오븐에 살짝 구워 준비합니다.

만들기 ────

1   바나나를 으깨 주세요.

2   ①에 두유, 카놀라유, 레몬즙, 설탕, 계피가루, 소금 약간을 순서대로 넣습니다.

3   박력분, 통밀가루, 베이킹파우더, 베이킹 소다를 체에 친 다음 ②에 넣고 잘 섞어 줍니다.

4   오븐에 구운 호두, 초코칩을 ③에 넣고 머핀 팬에 담습니다.

5   ④를 180도의 오븐에서 25분간 굽습니다.

6   바나나 초코 크림의 재료들을 섞어 크림을 만들어 ⑤의 머핀과 곁들이세요.

유기농 쿠키 만들기
바나나 오트밀 쿠키(20개 분량)

바나나 100g, 카놀라유 80g, 설탕 80g, 레몬즙 2ts, 소금 약간, 크랜베리 25g, 호두 60g, 시나몬파우더 1/4ts, 박력분 120g, 베이킹파우더1/4ts, 베이킹 소다 1/4ts, 오트밀 15g, 코코넛가루 3Ts

만들기

1 곱게 으깬 바나나에 카놀라유, 설탕, 레몬즙, 소금 약간을 넣고 섞어 줍니다.

2 ①에 체에 곱게 친 시나몬 파우더, 박력분, 베이킹파우더, 베이킹 소다를 넣고 섞은 후 오트밀, 코코넛 가루를 넣고 잘 섞습니다.

3 ②의 반죽에 호두와 크랜베리를 넣고 섞어 한 덩어리로 뭉쳐 줍니다.

4 ③의 반죽을 쿠키 모양으로 잡아 170도의 오븐에서 20분간 구워주면 완성.

스칸디나비안

북유럽 사람들을 통칭하는 용어.
대한민국은 지금 모던하고 심플한 북유럽 스타일 앓이 중이다.

PART 4

스칸디나비안처럼
여유로움으로 충전하는 파티

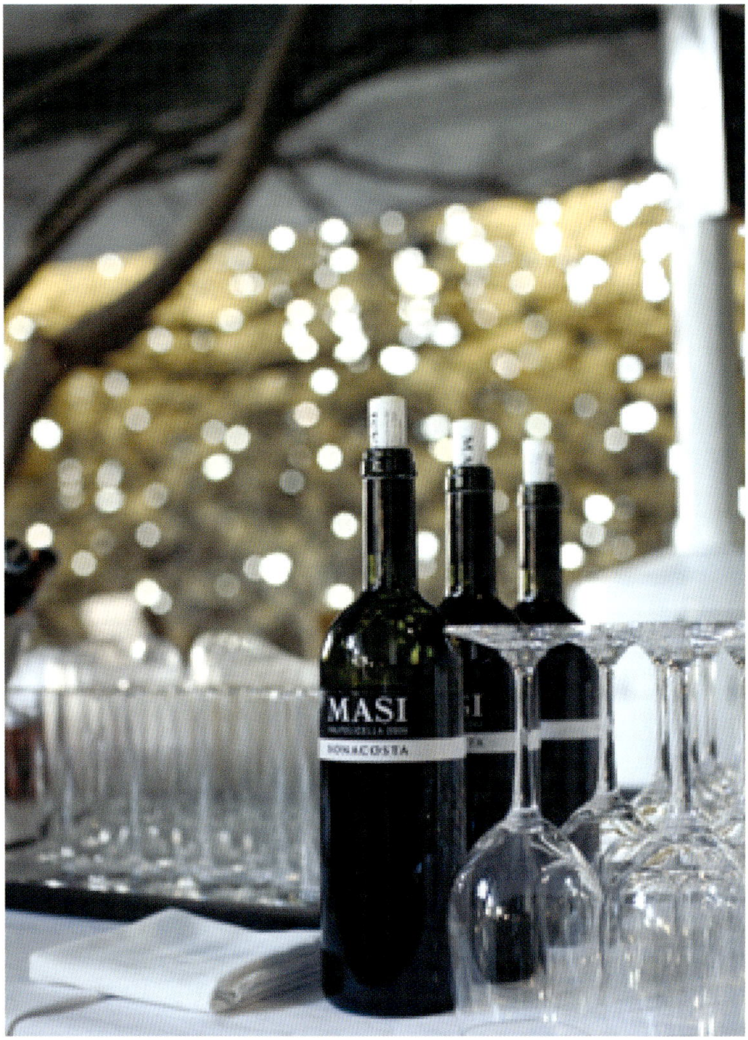
MASI
BONACOSTA

Merry
Christmas

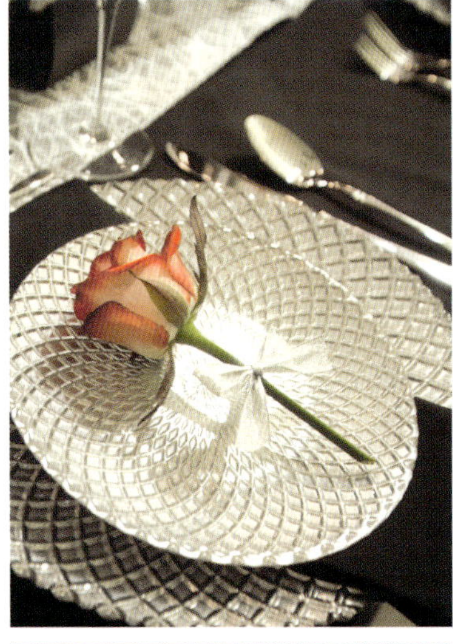

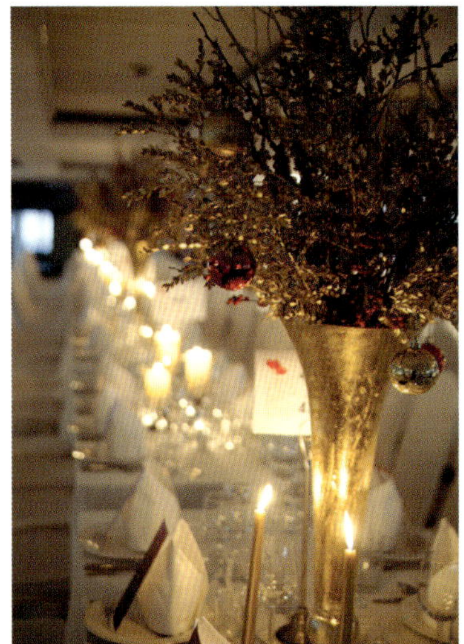

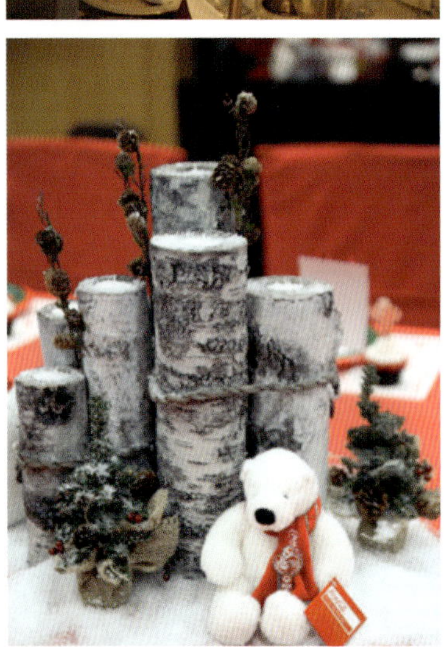

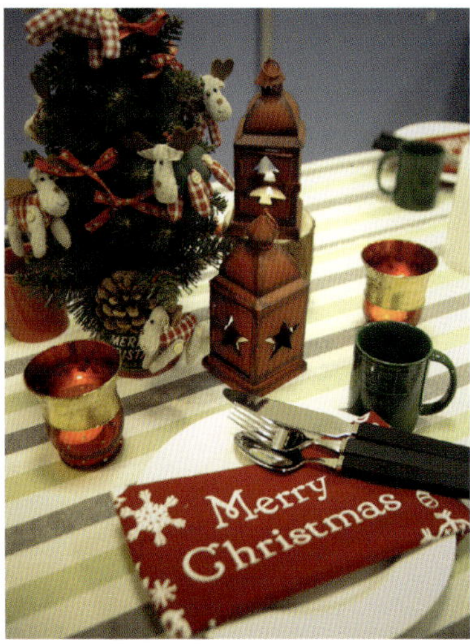

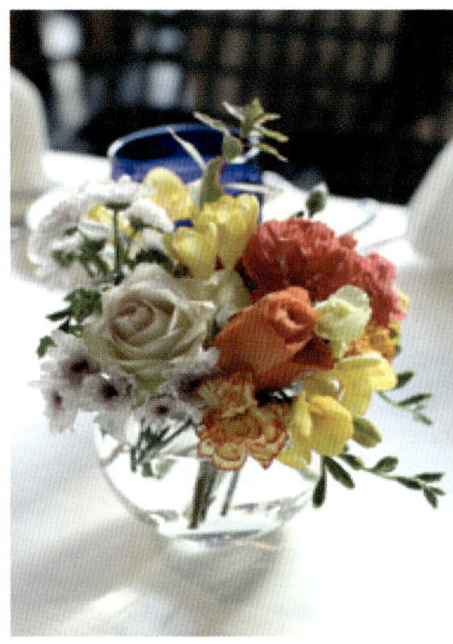

우리는 모두 여유로운 삶을 꿈꿉니다. 그래서일까요? 언젠가부터 우리는 북유럽 스타일에 푹 빠지게 되었습니다. 그럼에도 우리는 아직 그들의 여유를 따라갈 수 없습니다. 왜 그럴까요? 우리는 먼저 그들이 삶을 대하는 자세부터 배워야 합니다. 그리고 삶과 여유를 가족과 함께 나누는 방법을 배워야 합니다. 일년의 단 하루만이라도 말입니다. 그리고 그 길에 대한 방법을 이제부터 알아볼까 합니다.

Are you ready?

CHRISTMAS PARTY

/

A NEW YEAR's PARTY

/

놓치고 싶지 않은 파티
크리스마스 파티

일년 중 단 하루인데 다른 어떤 날보다 사람들의 마음을 설레게 하는 날이 있습니다. 어른이 된지 한참이 되었음에도 불구하고 찬바람 불고 눈발이 날리는 12월이 되면 설레곤 합니다.

단 하루만이라도 진정으로 행복할 수 있다면 일년의 노고를 마다하지 않으리라는 생각도 듭니다. 그럼 이제부터 아이들은 아이들대로, 어른들은 어른들대로 행복해 질 수 있는 크리스마스 파티를 열어볼까 합니다. 모두 준비되셨죠?

설레는 분위기, 색다른 이벤트로 채워 보는 크리스마스 파티!

HOST 크리스마스를 맞는 누구든지
GUEST 연인, 친구, 가족 etc

우선 크리스마스하면 선물보다 먼저인 것이 크리스마스 분위기를 낼 수 있는 장식입니다. 11월 중순부터 파티를 위한 장식용품을 판매하는 소품 시장에서 크리스마스 장식을 만나볼 수 있습니다.

가족과 함께 미리 꾸며 보는 크리스마스 파티

만일 집에서 매년 같은 스타일의 크리스마스 트리와 크리스마스 장식을 해 왔다면 올해는 가족만의 크리스마스 파티 스타일링을 시도해 보는 건 어떨까요?
동대문 종합시장 5층은 갖가지 부자재들이 넘쳐납니다. 그 중에는 펠트 원단과 액세서리만을 취급하는 매장도 있습니다. 펠트는 아시다시피 다양한 컬러와 두툼하고 푹신한 원단의 느낌 때문에 겨울에 특히 잘 어울리는 원단입니다. 활용 방법에 있어서도 펠트 공예가 널리 확산되면서 여러 가지 생활용품이나 작품을 만들기도 하고 유아용 장난감을 만들기도 합니다. 특히나 아이들과 함께 간단한 모양의 장식용 소품을 만들기엔 이보다 더 적당한 재료가 없을 것이라 생각됩니다.

파티 멘토에게 묻다

크리스마스 파티를 빛나게 만들어 줄 신의 한수는 뭘까요?
크리스마스 파티야말로 드레스 코드를 반드시 정해야 하는 파티가 아닐까 싶습니다. 파티의 드레스 코드를 정한다면 다양한 공통의 이야깃거리가 생길 겁니다. 그리고 반드시 베스트 드레서를 남녀 한 명씩 뽑아 기발한 선물을 전달하거나 베스트뿐 아니라 장난스럽고 기발한 의상에 맞는 상 이름을 붙여 시상하는 것도 재미있는 이벤트 아이디어입니다.

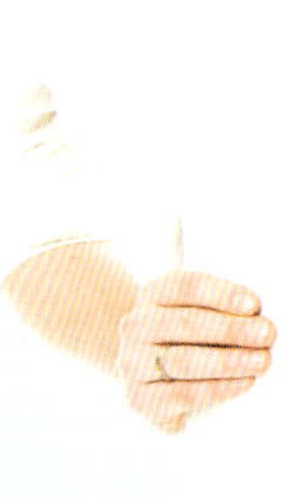

아이와 함께 만드는 펠트 소품

제안 1. 우선 다양한 크리스마스 컬러의 펠트 원단을 구매, 준비해 가족들과 소품을 만들어 보죠. 먼저 아이들이 있는 가정이라면 크리스마스하면 연상되는 여러 가지 모양을 종이에 그려보자고 제안을 해 보세요. 이렇게 그려진 종이를 모양대로 잘라 원하는 색상의 펠트 원단에 핀으로 고정하여 붙인 후 종이의 모양을 따라 가위로 잘라냅니다. 이렇게 같은 모양을 두 장 준비한 후 글루건을 이용해 두 장을 마주 대고 테두리 부분을 붙여주거나 펠트용 바늘을 이용해 성글게 바느질합니다. 이때 솜을 넣을 부분인 창구멍을 만들어 남겨두고 붙여주면 되고 바느질을 할 경우 색깔이 있는 굵은 털실을 이용하면 그 자체만으로도 장식 효과를 낼 수 있습니다. 마지막으로 양면이 볼록해질 정도로 창구멍에 솜을 채워 마감합니다. 이렇게 크리스마스 펠트 오너먼트가 완성되었습니다. 이제 트리에 걸 수 있도록 털실로 고리를 만들어 오너먼트 윗부분에 고정해 줍니다.

완성된 펠트 오너먼트는 녹색 크리스마스 트리 모양이 될 수도 있고 별 모양, 선물 모양이 나올 수도 있습니다. 아이들의 상상력이 크리스마스 장식으로 표현되니 가족 모두 즐거운 공예 시간을 즐길 수 있습니다. 이런 과정이 어렵다면 크리스마스에 어울리는 오너먼트나 펜던트 리본 등을 강남 반포 고속터미널 3층 조화 시장에서 모두 구매할 수 있으니 걱정 마세요.

제안 2. 미술용품을 판매하는 규모가 있는 문구점에 가면 스티로폼 볼을 사이즈별로 판매합니다. 가격도 그리 비싸지 않은 편이므로 다양한 사이즈를 구매한 후 역시 동대문 종합시장 지하의 털실 판매 매장에 들러 굵기가 좀 두꺼운 털실을 크리스마스 컬러로 구매합니다.

스티로폼 볼에 털실의 한쪽 끝을 핀이나 글루건으로 고정한 후 볼의 흰색이 보이지 않도록 나선형으로 실을 돌려 볼 전체에 붙여 줍니다. 글루건을 사용하는 것이 좀더 간단히 고정할 수 있으나 아이들의 글루건 사용은 위험할 수 있으니 이 작업은 어른들이 대신해 주거나 글루건의 열기로부터 안전한 장갑을 끼워 작업하도록 하는 것을 잊지 말아야 합니다. 이제 굵은 색색의 실을 감아 만든 볼 위에 펠트 원단으로 작은 동그라미, 별, 삼각형 등의 모양을 오려 붙이면 또 하나의 크리스마스 오너먼트가 완성됩니다. 다양한 재료를 이용해 아이들과 함께 소품을 만드는 시간만으로도 아이들에게는 좋은 추억이 될 겁니다.

그리고 또 하나 요즘 대세인 캠핑을 이용한 크리스마스 파티를 추천합니다. 연인이나 가족 모두 각각의 개성에 맞는 캠핑을 준비한다면 어른들을 위한 최고의 파티로도 손색이 없을 겁니다. 저희 가족 역시 캠핑에 푹 빠져 있는데요. 날짜를 정해 여러 가족이 캠핑장에 함께 모여 맛있는 캠핑 요리를 만들어 먹는 시간이 참으로 행복합니다. 지난해 크리스마스에 집이 아닌 산속 캠핑장에서 보냈던 기억이 납니다. 물론 맛있는 음식과 와인이 함께여서 더 특별한 크리스마스 파티 분위기를 낼 수 있었겠죠. 이처럼 색다른 장소에서 즐기는 크리스마스 파티는 새로운 환경과 독특한 분위기 때문에 더 흥미로운데 여기에 간단한 크리스마스 소품과 음식을 준비해 간다면 텐트 안에서 또는 모닥불 앞에서의 크리스마스 파티가 더욱 풍성해질 수 있습니다.

앞으로 다가올 크리스마스는 그리 화려하지 않더라도 소박하고 정이 담긴 이벤트를 곁들여 색다른 장소에서 색다른 파티로 즐겨보는 것은 어떨까요? 크리스마스니까요.

산타만큼 반가운 크리스마스 파티 소품

차디찬 겨울 바람도 크리스마스를 생각하면 조금은 견딜만 합니다.
산타클로스라도 만난 듯 반갑고 첫눈만큼 설레는 파티 소품들입니다.

유노스타일즈에서 기획한 모 콜라 회사 크리스마스 파티 이미지. 크리스마스에 어울리는 케이크와 컵케이크, 센터피스, 테이블 세팅.

크리스마스에 어울리는 컵케이크. 눈까지 즐거워지는 아이템.

크리스마스 분위기가 가득한 소품.

골드 색을 활용한 럭셔리한 크리스마스 파티 스타일링.

레드 & 골드 크리스마스 미니 트리 만들기

좀 더 고급스런 느낌의 레드 & 골드 트리를 만들어볼까 합니다.
그린 색을 배제하고 브라운, 골드, 레드 세 가지 색으로 제한하여 강렬하면서도
고급스러운 인상을 줄 수 있습니다. 천연 나뭇가지를 사용하여 자연스러우면서도
트렌디한 느낌을 주는데 붉은 낙산홍 가지의 방향을 아래쪽으로 향하여
다소 거칠고 자연스럽게 채우는 것이 중요한 포인트입니다.

준비 재료
화기, 스티로폼(혹은 우레탄폼), 글루건, 꽃가위, 갈색 화훼용 와이어(지철사)
소재_ 자작나무 껍질, 낙산홍, 오리목 나무, 나뭇가지, 이끼, 솔방울 오너먼트, 리본, 노끈

만들기

1. 사각 화기를 스티로폼으로 채운 후 겉면을 자작나무 껍질로 감싸 주세요. 노끈을 감아 자연스러움을 강조하는 것이 중요합니다.
2. ①의 화기 중앙에 오리목 나무, 나뭇가지를 트리 형태로 꽂고 가는 화훼용 와이어(지철사)와 글루건으로 가지를 고정합니다. 이때 가운데 중심이 되는 굵은 가지에 원뿔 형태로 얇은 가지를 고정하고 아랫부분은 십자 모양의 가지를 대줍니다. 화기 윗부분은 이끼로 덮어줍니다.
3. 붉은 열매가 풍성한 낙산홍 가지를 와이어로 고정하면서 가지들을 풍성하게 채워 줍니다. 이때 반드시 트리의 아랫부분부터 붙여 올라가야 합니다. 그래야만 와이어로 연결하는 부분을 가리면서 자연스러운 형태를 가질 수 있습니다.
4. 전체적으로 트리 형태가 완성되면 골드 컬러의 솔방울 오너먼트, 미니 크리스마스 볼, 리본 등으로 장식해 마무리 합니다.

TIP

1. 나뭇가지는 일반 꽃가위로 절단이 어려울 수 있으므로 두꺼운 가지의 경우엔 전지가위를 사용합니다.
2. 나무와 나무 사이를 고정할 때에는 단단히 고정하여 제작 중 헐거워지지 않도록 합니다.
3. 낙산홍은 마르면서 떨어질 수 있으니 선물용으로 제작한다면 완성된 후 바로 투명 비닐로 포장하여 이동하는 것이 좋습니다.

1

2

3

설렘이 가득한 파티
송년파티

매년 한해가 끝나갈 무렵엔 모두들 너나 할 것 없이 송년회 날짜를 잡느라 분주합니다. 이와 유사하게 외국에선 그 해의 마지막 날에 모두가 함께 'End-Year Party'를 열죠. 이 두 가지 유형의 연말 이벤트는 비슷하게 보여도 차이점이 있습니다. 우리의 송년회, 속칭 망년회는 마치 오늘이 세상살이 끝인 것 같이 막무가내로 함께 먹고 잊자는 식인 경우가 대부분인 반면 외국의 'End-Year Party'의 경우는 한해의 마지막 날과 새해의 첫날을 이어주는 자정을 기점으로 한해를 보낸다는 의미와 더불어 새로운 해를 좋은 사람들과 함께 시작하고 새로운 희망을 공유하는 시간으로 보냅니다. 물론 저는 우리의 문화를 비판하려 하는 것은 아닙니다.

최근 우리도 기존 송년회 문화의 여러 가지 폐해의 목소리가 커지며 점차 건전하면서도 새로운 일종의 문화 형태로 즐기는 분들이 늘어난다는 점을 말하고 싶은 겁니다.
이렇듯 송년파티의 트랜드가 변화되고 있습니다. 당신은 어떤 파티로 한해를 마무리하고 싶으신가요?

물론 많은 파티가 있습니다. 제가 기획했던 선상에서의 낭만적인 파티나 영화 속 한 장면처럼 화려한 호텔 리셉션 파티. 사실 저는 직업적 성격에 맞게 다양한 파티를 경험해 보았답니다. 화려하고, 다양한 파티를 접한 제가 중년이 되면 꼭 해 보고 싶은 송년파티 플랜이 하나 있습니다. 딸아이의 키즈파티처럼요. 제가 꿈꾸는 파티는 화려하거나 대단한 파티가 아닙니다. 어찌 보면 너무 소박해서 말을 꺼내기조차 살짝 고민이 됩니다.

제 상상 속의 파티의 시작은 이렇습니다.
서울 근교에 저와 가족들의 아이디어와 디자인이 담긴 작은 집을 짓는 겁니다. 이사를 하고 첫 겨울을 맞게 되면 저는 남편과 크리스마스 겸 송년파티를 위해 시내로 장을 보러 다녀올 겁니다.

오후 시간 커다란 짐꾸러미를 하나하나 열어 집안 곳곳을 장식하고 예쁜 트리를 거실 한켠에 설치하고 멋진 캔들과 소품을 현관 입구와 거실 여기저기에 놓아 한껏 연말 분위기를 내고 싶습니다.
그 동안 고객들만을 위해 만들었던 크리스마스 리스를 직접 만들어 우리 집 현관 앞에 걸고 방방마다 문 앞의 작은 크리스마스 가랜드를 붙여주고 매년 조금씩 늘어난 오래된 크리스마스 소품들도 꺼내서 집안 곳곳을 장식합니다.

데코가 그럭저럭 마무리되면 많이 자라 이제는 대학생이 된 아이들과 요리 몇 가지를 함께 준비하고 미리 초대한 손님들을 맞이합니다. 제가 초대한 손님들은 오랫동안 가족처럼 가까이 지낸 친구들과 그의 가족들입니다. 이번 파티 코드는 각자 요리를 한 가지씩 준비해 오는 겁니다. 어떤 친구는 맛 좋은 와인, 또 어떤 친구는 맛이 제대로 든 김치 한 포기를 담아와도 좋을 것 같습니다. 이제 모두 모인 자리에서 서로 좋아하는 음악을 순서를 정하지 않고 함께 듣고 추억 속 즐거웠던 이야기를 나눕니다.

성인이 된 아이들은 방방마다 모여 어릴 적부터 부모님들과 함께한 자신들의 추억들을 이야기하며 추운 겨울 밤은 깊어집니다. 평상시와 다름없이 한바탕 웃고 떠드는 별스럽지 않은 그런 그림. 바로 제가 그리는 평범하지만 소중한 순간이 될 크리스마스 & 송년 파티입니다. 한가지 소원이 더 있다면 그 날 창밖에 눈이 내린다면 더욱 행복한 파티가 될 것만 같습니다.

다양한 파티를 경험하고, 계획하면서 이런 소박한 꿈, 아니 어찌 보면 참으로 대단한 꿈을 꾸어봅니다. 파티, 아직도 어렵기만 하신가요? 흘러가는 평범한 일상 속에서 가족과 친구들과 무엇인가라도 나눌 것이 있다면 그것이 파티입니다.

파티 멘토에게 묻다

송년 파티에 어울리는 와인들을 추천해 주실 수 있나요?

연말 송년파티를 연상하면 새해로 넘어가는 자정에 파티장 곳곳에서 뿜어져 나오는 샴페인을 연상할 겁니다. 샴페인은 풍부한 거품과 함께 새콤한 맛을 가지고 있어 에피타이저 음료로 좋죠. 그리고 여성들이 많이 참석하는 파티라면 달달한 과일향의 스파클링 와인도 준비하면 좋겠습니다. 연말 송년파티라면 가능하면 다양한 와인을 준비하는 것을 추천합니다. 앞서 얘기한 파티의 시작을 알리는 식전 주 샴페인을 비롯해 스파클링 와인, 화이트 와인, 레드 와인까지. 와인 선택에 자신이 없다면 와인 판매원에게 도움을 요청해 보세요.

일년의 단 한번이라 더 설레는 송년파티

매년 돌아오기는 하지만 한해의 마지막이 되면 누구나 좀 더 특별해지고 싶어집니다.
특별해지고자 하는 마음을 담은 송년파티 이미지들을 모아봤습니다.

송년 파티의 분위기를 살려 줄
화려한 센터피스.

1

2

3

4

5

6

1 · 2 송년 파티의 분위기를 살려 줄 화려한 센터피스.
3 송년파티의 하이라이트, 테이블 세팅.
4 촛대는 파티를 더욱 빛내주는 아이템입니다.
5 와인과 송년파티
6 한송이 장미가 럭셔리함을 극대화시켜 줍니다.
7 앙증맞은 느낌의 센터피스.

7

캔들을 이용한 플라워 센터피스 만들기

은은한 촛불과 꽃의 향에 동시에 취해 볼 수 있는 센터피스 만들기입니다.
분위기를 최상으로 만들어 주니 일석이조의 파티 아이템이죠.

만들기

1 플로랄 폼을 준비된 화기 사이즈에 맞게 잘라 폼 고정용 테이프로 고정합니다.

2 와이어를 U자 형태로 구부려 캔들 맨 아랫부분에 고정하는 작업입니다. 이때 폼 고정용 테이프를 이용해 4~5개 정도의 와이어로 캔들에 다리 형태를 만들어 고정합니다.

3 와이어로 다리를 만들어 준 캔들을 화기 가운데 세워 꽂아 먼저 자리를 잡아 고정 시켜 주세요.

4 장미의 잎과 가시를 가시 제거기로 제거하고 유칼립투스와 함께 플로랄 폼이 보이지 않도록 적당한 길이로 잘라 꽂아 줍니다.

5 마지막으로 미니 크리스마스 볼을 넣어주면 크리스마스 파티용 센터피스로도 활용 가능한 작품이 완성되는데 크리스마스 볼은 꽃과 같은 방법으로 볼의 고리에 와이어를 끼워 플로랄 폼에 꽂아 줍니다. 이때 크리스마스 볼은 장미와 유칼립투스 사이사이에 적당량 꽂아 크리스마스 분위기를 내 주면 완성.

TIP

1 와이어로 캔들의 다리를 만들 때는 단단히 고정을 해 주고 사용하는 와이어도 쉽게 구부러지지 않는 두께감 있는 것을 사용하는 것이 좋습니다.

2 긴 시간동안 캔들을 사용할 경우 캔들이 줄어들어 꽃에 불이 붙는 경우가 있을 수 있으니 키가 너무 작아진 캔들은 재사용하지 않는 것이 좋습니다.

1/2   3

감각 있는 파티플래너를 만날 수 있다면
당신의 파티는 한층 더 아름다워질 것이다.
파티만큼 아름다운 순간은 없다.

SPECIAL GUIDE

파티 멘토를 만나다

"파티플래너가 되려면 어떻게 해야 하나요?" 하루에도 수없이 받는 질문입니다. 우선 현실적으로 두 그룹으로 나눠보죠. 첫째 미술을 전공했거나 평소 예술적인 센스가 뛰어나다고 평가를 받는 쪽입니다. 두 번째는 저처럼 이공계를 전공한 후 전혀 다른 길을 선택한 경우입니다. 물론 전자 쪽이 스타일링이라는 과제에 대한 부담이 덜할 것입니다. 그러나 전자와 후자 모두에게 중요한 것은 열정을 가지고 경험을 쌓아야 한다는 것입니다.

사실 제가 파티플래너에 관심을 가지게 되었을 때만 해도 '파티플래너' 라는 직업을 가진 사람이 한 손으로 꼽힐 정도였습니다. 그렇다 보니 배울 곳도, 도움을 받을 곳도 마땅치 않았죠. 그래서일까요? 컬러, 플라워, 랩핑과 패키지, 슈가 크래프트, 베이킹, 컨벤션, 디스플레이, 인테리어 스타일링 등 수많은 교육과정에 도전했습니다. 그렇습니다. 저는 배우는 것에 집착했습니다. 이유는 간단합니다. 파티플래너가 되려면 무엇을 배워야 하는지도 몰랐고, 알려 주는 사람도 없었습니다. 저는 닥치는 대로 배워 가자는 식으로 공부에 공을 들였습니다.

참 다행스럽게도, 그런 열정 덕분인지 파티플래너나 스타일리스트들을 위한 양성 교육과정을 7년 넘게 운영하게 되었습니다. 선배도 길잡이도 없는 상황 속에 던져져 수많은 시행착오와 엄청난 시간, 비용을 치르고 나서야 선배라는 타이틀을 얻을 수 있었고, 예전의 저와 같은 고민을 하는 사람들 앞에 설 수 있게 되었습니다.

간단히 말하자면 파티 스타일링을 하고 싶다면 컬러 코디네이션, 플라워 어레인지, 랩핑 테크닉, 디스플레이 등을 배우고 감각을 키워야 합니다. 또한 파티 기획을 하고 자 한다면 홍보, 전시 또는 회의와 같은 컨벤션, 공연 기획 등의 이벤트 분야를 공부하 는 것이 도움이 됩니다. 하지만 이 모든 것을 잘 해야 한다는 것은 아닙니다. 다양한 분야의 것들을 배우며 감각을 키우라는 이야기입니다. 끊임 없이 관련 사진을 분석하 고 관련 책들, 디자인 잡지들을 접해야 합니다. 자신의 눈과 손으로 감각 있는 스타일 링을 찾아내고 반드시 그것을 스스로 새로운 스타일로 해석할 수 있는 감각을 키워야 합니다. 어떤 일이든 그렇겠지만 이 작업은 하루아침에 완성이 되는 것이 아닙니다. 저 역시 아직도 부족함을 느끼고 항상 배우는 중입니다.

배우면 배울수록 나는 무지를 깨닫게 된다.
그리고 내 무지를 깨달으면 깨달을수록 나는
배우고 싶은 욕구가 더욱 강해 진다. _알버트 아인슈타인

'열정' 이라는 단어를 다시 한번 강조해 말하고 싶습니다. 열정이 없어도 시작은 가능 하나 절대 오래 할 수 없는 일이 파티플래너입니다. 그리고 진정 이 일을 원하는지를 제일 오래 많이 고민해야 합니다. 그 고민이 끝났다면 이제 미칠 준비가 되어야 합니 다. 무엇을 배우고 경험하느냐는 앞의 고민들이 끝났을 때부터 가능합니다. '목 마른 자 우물은 판다' 는 말이 있습니다. 지금 이 순간 당신이 진정 어떤 것에 목이 마른 지 를 깊이 고민해 보길 바랍니다.

교향생 함께
하자

비즈니스 파티

파티는 기본적으로 사람의 모임을 의미합니다. 한마디로 파티란 사람들간의 커뮤니티의 형성이라 할 수 있겠습니다. 그리고 커뮤니티의 형성은 미리 의도될 수도 있고 결과적으로 나타날 수도 있습니다. 어찌되었든 비즈니스에서도 이제 파티는 빠질 수 없는 키워드입니다.

이제부터 파티플래너로서 비즈니스 파티를 접근해 보겠습니다. 우선 목적에 충실해야 합니다. 파티라 해서 무조건 사람들을 흥분시키고 화려하고 즐겁기만 하다면 곤란합니다. 반드시 주최하는 브랜드, 홍보하고자 하는 상품의 이미지가 각인되어야 합니다. 많은 비용을 들여 사람들을 초대하고 성대한 파티를 열었음에도 파티의 진정한 목적을 전달하지 못한다면 큰 낭비일 뿐입니다. 그렇다고 너무 노골적으로 브랜드나 상품을 팔 목적으로 파티를 연다면 그것 역시 참석자들에게 부담을 주고 불쾌한 기분을 들게 할 겁니다. 그렇기에 비즈니스 파티는 좀 더 어렵고, 고객에게 다가갈 세련된 접근 방식을 신중하게 고민해야 합니다.

최근엔 고객들의 눈높이가 문화적인 이슈에 많이 맞추어져 있습니다. 무엇보다 고객들은 그들의 귀한 시간을 기업의 홍보의 장인 파티에 할애하려 들지 않습니다. 그러므로 파티에 참석시키는 것도 매우 중요하지만 참석한 사람들에게 무언가를 확실하게 주어야 합니다. 그것이 선물이 되었든, 정보가 되었든, 노하우가 되었든 말입니다.

파티에 대한 인식 변화가 절대 필요

카메라 신제품 런칭 파티를 예로 들면, 예전에는 단순히 카메라를 전시하고 소개하는 파티 형태 정도였습니다. 물론 초창기에는 런칭 행사를 파티 형식을 빌어서 하는 것만으로도 큰 화젯거리가 될 수 있었으나, 이제는 시대가 달라졌습니다.

그럼 여기에 '문화' 라는 코드를 넣어보겠습니다. 우선 유명 사진작가를 통해 미리 새로운 카메라의 성능과 사진의 느낌을 보여주는 작품들을 준비해 전시 공간을 만들어 파티 장소를 설정합니다. 이제 파티의 프로그램 중에 새로운 카메라의 성능과 업그레이드 된 기능들을 리얼하게 들려줄 작가의 스피치 시간을 길지 않게 넣어줍니다. 물론 색감이 뛰어나고 다이나믹한 영상과 함께 작가의 스피치 시간을 할애합니다. 무엇보다 파티 내내 호기심 많은 참가자들이 그 작가와 작품, 그리고 카메라의 성능에 대해 대화를 나누고 시연할 수 있도록 자연스러운 스탠딩 파티로 진행해야 더욱 생동감 있는 파티가 될 것입니다.

스타일링도 이러한 파티의 특성에 맞게 메인 컬러부터 포인트 컬러까지 세심하게 신경 쓰고 케이터링에서도 카메라를 상징하는 여러 가지 장치들을 넣어 음식이나 다과를 준비하는 것도 잊지 말아야 합니다. 작가가 카메라를 들고 촬영을 하는 모형이 담긴 케이크, 신제품 카메라 모양의 쿠키 등도 좋은 아이디어입니다. 이밖에도 제품별로 어울리는 문화적인 코드는 많이 있습니다. 또한 곧 문화적인 코드가 시들해진다면 또 그 자리를 대신할 다른 트렌디한 코드들이 등장하게 될 것입니다. 이처럼 이제 기업 파티는 노골적인 제품 홍보를 벗어나 좀 더 주도면밀하게 대중들에게 다가가고 있고 또 계속해서 발전하게 될 겁니다. 기업들은 앞으로도 이에 발 맞추어 새로운 아이디어와 새로운 스타일로 중무장한 홍보 파티를 준비할 것입니다. 왜냐하면 파티란 인간집단이 상호 소통의 생활을 이어가는 한 사라지지 않을 영원한 이벤트이기 때문이죠.

성공적인 비즈니스 파티를 위한 아이디어 소품

s전자 냉장고 런칭 브런치 행사. 삼청동 야외 테라스가 있는
갤러리 레스토랑에서 진행, 냉장고 이미지처럼 고급스럽고
심플한 느낌을 원한 클라이언트의 요구에 맞춰 스타일링.

명품 화장품 신제품 런칭 행사. 리셉션 데스크에 장식된 화이트 호접난, 반짝이는 큐빅이 박힌 리본을 이용한 센터피스.

명품 화장품 신제품 런칭 행사. 공간 장식으로 캔들과 반짝이는 부자재들을 활용해 맑고 투명한 느낌의 제품 이미지 표현.

VIP 파티에 어울리는 플라워 & 캔들 센터피스와 패키징 디자인.

저녁시간에 진행된 가든파티. 대형 플라워 촛대 센터피스로 입구 장식.

패키징 디자인

비즈니스 파티를 진행할 때 절대 빼놓지 말아야 할 아이템이 있습니다. 바로 선물입니다. 여기서의 선물이란 물론 그 파티의 주인공인 해당 회사의 신제품입니다. 그 제품을 얼마나 효과적으로 또는 기대 이상으로 참석자들에게 전달할 것인가가 중요합니다. 기업들은 이 문제에 대해 생각보다 많은 고심을 합니다.

파티플래너들은 실제로 정말 다양한 역할을 담당해야 합니다. 파티의 기획, 스타일링, 프로그램 구성을 시작으로 그에 맞는 초대장, 홍보물, 기프트 제작뿐 아니라 하다 못해 참석자들의 외투걸이까지 준비해야 합니다. A부터 Z까지 파티의 모든 부분을 하나도 빠짐없이 준비해야 하고 파티가 끝나고 참석자들이 돌아갈 때까지 파티에 집중해야 하는 일이 파티플래너의 일입니다. 그러므로 당연히 기업은 기프트의 대한 문제도 파티플래너를 통해 해결하고자 할 겁니다. 선물을 준비하는 것 역시 파티의 일부분입니다. 많은 비용을 들여 행사를 진행했건만 정작 행사의 주인공인 제품이 임팩트 없이 참석자들에게 전달된다면 모든 것이 용두사미가 되어버릴 겁니다. 그만큼 기업 행사에서의 선물 전달은 중요합니다. 파티플래너에게도 어찌 보면 파티 전체의 기획 만큼이나 신경을 써야 하는 부분일 겁니다.

이제부터 기본적으로 패키지를 제작하면서 지켜야 할 원칙들을 이야기 해보도록 하죠.

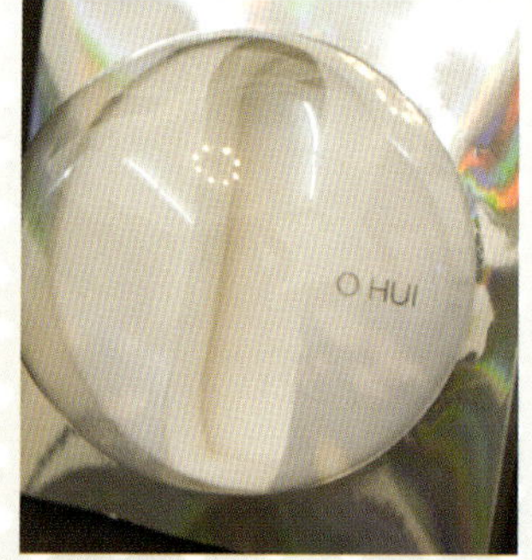

1. 전통적인 느낌의 보자기를 형상화한 VIP 패키지.
2. 투명한 느낌을 강조한 화장품 패키지.
3. 물방울 무늬를 형상화한 미스트 제품 VIP 패키지.

첫째 제작을 위한 충분한 기간이 필요합니다. 패키지는 단 며칠 만에 가내수공업으로 뚝딱 만들어지는 것이 아닙니다. 따라서 고객사와 충분한 일정을 갖고 준비해야 하고 이러한 일정에 관한 부분은 제작을 담당한 디자이너, 인쇄, 제작 공장의 스케줄을 모두 확인하고 고객사와 커뮤니케이션을 제대로 해야 합니다. 무조건 고객사의 입장에서만 일정을 맞춘다면 큰 낭패를 볼 수 있으니 가장 중요하다고 해도 과언이 아닐 겁니다.

두 번째는 디자인입니다. 물론 고객사는 원하는 디자인과 유사한 디자인의 이미지를 참고용으로 보내 주기도 합니다. 하지만 섣불리 고객사가 원하는 디자인에 대해 호언장담하는 일은 금물입니다.

다음은 재질의 문제입니다. 제품의 특징을 잘 표현할 수 있는 재질의 선택은 물론 중요하지만 그 전에 먼저 고려되어야 할 것은 제품의 크기와 무게라는 점을 잊지 마세요. 크기가 작다고 패키지 재질의 두께를 고려하지 않는다면 패키지를 완성해 놓고 실제 제품을 담았을 때 패키지가 틀어지거나 찌그러지는 현상이 나타날 수 있으므로 반드시 제작 전에 패키지의 디자인과 재질을 정해 놓고 여러 가지 두께로 샘플을 만들어 실제 제품을 넣어 확인해 보아야 합니다.

마지막으로 클라이언트들은 패키지의 인쇄 상태를 항상 완벽한 패키지 샘플을 제작하여 확인을 거친 후 실제 제작에 들어갈 것을 원합니다. 하지만 현실은 불가능에 가깝습니다. 왜냐하면 샘플 제작을 위해 낱장에 인쇄한 도안의 컬러와 실제 제작을 위해 다량의 인쇄를 할 경우 나타나는 색이 동일할 수 없을 뿐더러 인쇄 시점에 따라 같은 공장에서 인쇄를 한다 해도 약간의 색 차이가 발생할 수 있기 때문입니다.

이렇듯 기업 파티에서의 상품은 파티의 중요한 아이템이면서 주인공입니다. 하지만 처음부터 정해지는 룰이 있는 것은 아닙니다. 혹시라도 기업 파티 전문플래너가 되고 싶다면 기프트 랩핑이나 패키징 디자인, 편집 디자인과 같은 분야에 관심을 갖고 조금씩 자신만의 포트폴리오를 쌓아가는 것이 도움이 될 것입니다.

4

5

4. 고가의 영양 크림을 런칭하기 위한 스페셜 패키지.
5. 패키징 재료들.

JUNOSTYLES
junostyles@naver.com

joyparty

Enjoy your party ! Enjoy your life !

파티플래너가 알려 주는 셀프 스타일링

파티가 필요한 모든 순간

초판 1쇄 인쇄 2014년 4월 15일
초판 1쇄 발행 2014년 4월 20일

지은이 • 유노 정
펴낸이 • 안종남
펴낸곳 • 지식인하우스
출판등록 • 2011년 3월 31일 제 2011-000058호
주소 • 152-859 서울시 구로구 구로중앙로32가길 10-2 202호
전화 • 02)6082-1070 팩스 • 02)6082-1035
전자우편 • jsinbook@naver.com
블로그 • blog.naver.com/jsinbook

ISBN 978-89-968037-8-2 13690
값 14,500원
ⓒ 유노 정, 2014

I Love Party

I Love Party

I Love Party

i Love Party